U0084782

讀書帶領有新招

用繪本、書籍、影像打造美好共讀習慣

推薦序 FOREWORD

本書為一良師也，因為它講述了讀者和書怎樣才能產生共鳴，一個善於讀書的人，就懂得利用自身的情緒反應來與書中他人對事物的情緒反應，書中的哪些細節能讓你的生命變得更加生動，書中的語境怎樣在你心中得到真實的反應，而不是各種接近或遠離真實的人事物成為你心中的假設和猜想；一旦掌握了這種技巧，你也就具備了領悟、說服、溝通、各種能力的人生技巧，從而加以運用，在社會上就能自如自在。

只有賦予自己以書中的資訊以生命時，自己才能真正觸動書中人物的感情，領悟至深至玄的哲學原理，就能衍生出多種讀書的方式，從而啟迪智慧，認識自己，珍愛生命！而《讀書帶領有新招》就教給了我們這種方法。

人生總是在無常中不變而變，而《讀書帶領有新招》告知我們通過讀書怎樣在現實的世界中更靈活地面對其中各種獨特的情況怎樣應對。只有挖掘出這種天生的能力，我們才能放下我執和妄念，使我們本自具足的智慧得以施展，時代在轉變。現在我們是移動互聯網時代，速度之快難以想像。傳統的生存法則是靠經驗，而現時代個人的發展只能靠學習，而最好的學習是讀書，它可使人靜下來，從而乾淨不染。正因為如此，《讀書帶領有新招》一書才變得如此重要。

讀書是一項偉大的責任，其意義在於用以為善，而不是為惡。

希望本書能夠給更多讀書者帶來啟發和受益，幫助與本書結緣的人在超越自我的人生之道上走得更通暢和更遙遠。

爸媽在線創始人、董事局長

認識曹春燕老師已有多年的時間，從上海的潛意識投射卡課程中，看見曹老師靈活的帶領功力，很佩服她將小小的卡牌，結合賽斯心法，玩出內在心靈成長的高度。

我個人也在直感教練協會所舉辦的兩岸 OH 卡論壇中，邀請了曹老師來分享她多年經驗。

這一次，曹老師帶來了新的驚喜，她將多年讀書會帶領的經驗，無私的貢獻出來，集結成此書，造福大眾。

這本書的出現，特別符合這時代的需求，每天大量資訊及知識噴湧而出，快速學習成為提高競爭力的重要環節。 各式各樣的讀書會因應而出，通過共讀，提高了大家的學習效率。

循著曹老師所分享的讀書會技巧，所有參與者基於自己的認知，分享自己的看見。 融合每個人不同的世界觀、價值觀和思維模式，讓同一段內容產出各種可能。

這個集合眾人思考，成為綜合的思維過程，長期下來，將協助你形成自我的思想體系。

除此之外，本書第二章中，提到共讀帶領者的角色及應具備的心態準備。 身為企業教練的喬伊，面對著許多企業領導者，他們所追求的，就是書中描述的讀書會帶領者狀態。

協助參與成員共同創造，擁有集體的產出，也是在 VUKA 時代帶領團隊探索方向制定策略的秘密武器。

所以，各位領導者以及未來的領導者，歡迎你進入讀書會帶領人的世界，這本工具書將是你的引路人，它會一步一步的告訴你操作流程及注意事項。

認識曹老師多年以來，每次見面她都會提到「傳承」，她一直希望能將自身所學傳承給需要的人，在老師的每本書中，都能感受到她這份心力。

希望各位在讀書會的帶領中，影響更多身邊的夥伴，用生命點燃更多生命，讓這個世界更加美好。

中華直感教練協會理事長

推薦序 FOREWORD

從閱讀、到讀書會、到讀書會帶領力的一條美景芳徑

「閱讀」是一種興趣、一項喜好；是吸收新知、連結世界的途徑；是訓練思考、建立世界觀的良方。

「讀書會」可以激勵多讀書好方式；是養成閱讀習慣的助力；是共同學習交流的場域；是集體創造智慧的模式。

「讀書會帶領」是創造知性收穫、感性滿足的能力；是展現讀書會帶領討論的能量，可以提供民主素養的學習引導（聆聽、討論、接納不同意見、與人合作的學習）；是參與社區及公共事務人才的聚寶盆，期待開創建構市民社會的可能性。

欣見春燕彙整「讀書會帶領力訓練」的體驗與實踐心得，是訓練讀書會帶能力的工具書，也是帶領讀書會的參考寶典。

邀請更多人躍入讀書會場域，期待更多人跨入讀書會帶領這一條美景芳徑，讓我們一起耕耘閱讀推廣的這片綠蔭。

高雄市彩色頁女性願景協會總監

王介言

作者序 PREFACE

讀書團體帶領人手冊

本書副標雖為打造美好的共讀習慣，但實則是一本將繪本、書籍、影像應用於讀書會的實用操作手冊。書閱讀材料很多，上述三種媒材在讀書會中運用最廣。過去讀書會多以書為主，近幾年繪本讀書會、電影分享會漸漸增多，尤其是繪本，圖解有趣變化多，字體又大，0 至 99 歲皆可使用。但讀書會要帶得風生水起，還有許多重要的元素要搭配使用，這部分書中都有描述。

回想 1995 年我從職場退休來到社會，為持續學習及擴展人際關係，參加了讀書會，這才發現它與個人閱讀大大不同，令我驚歎！自己讀書，全憑個人思維理解。讀書會在帶領者的引領下，設計相關提問，夥伴在交流中分享自身感受、經歷及不同論點時，做個中立者、引路者、支持者、讓大夥從交流對話中看見自己信念與行為模式，如此大幅提升自我覺察與反思的能力。此時讀書會在團體氛圍烘托，情感流動下，心也自然敞開，人與人開始靠近、彼此間信任與安全感增加了，這對於深化讀書材料，促進彼此更深的成長與改變，起到了助推之關鍵效用。

讀書會帶領者若善用提問，啟動對話氛圍，書本轉眼間活起來，且變得有趣又好玩，無須刻意教育，個人內在框架被突破，改變在無形中發生。若說書讓你看見不同人生及觀點，那透過交流討論與經驗分享對話的讀書會，可以讓你更切實的經歷百樣人生。我們都知道知識到能力的轉化需要大量持續的練習，剛好讀書會就創造了這個場域。我自己就是個真實案例，原本緊抓標準不放，固執少彈性的我，在讀書會長期薰陶下，變成彈性快樂的人。

因感到做個啟動他人思考，帶來自發性轉變，是件有意義又開心的事，剛好那時政府與民間正大力培育讀書會帶領者，參與專業帶領培訓後，才發現讀書會帶領大有學問，沒想像中那麼簡單。隨著帶領讀書團體專業能力提升，自己也從讀者至帶領者，最後變成帶領者的訓練導師。回想這趟旅程真是快樂又有意義！

隨著讀書活動的普及，讀書會已常見不鮮，對於如何將讀書會帶得生動有趣又深入的成長，願將我的經驗與感悟奉上。教學這些年，我訓練同學學習如何成為讀書會帶領人，看見他們透過素養與技能的提升，在各地成為一名優秀帶領導師，是我感到最開心快樂的事情。我在訓練時，常告知同學，讀書會遇到的夥伴，發生的一切事，都是來協助你成長，反應你的內在及行為模式，豐盈你的生命，對他們要感恩。如果你想生命快速不斷成長，帶領讀書會是比較容易上手，因為透過團體最易認識自己且進步最快，若你不知如何進行開展，這本書可帶著你有步驟往前移動。

本書就是讀書會實用操作手冊，從企劃、招生、讀書會流程、團體動力掌握，狀況發生時處理手法，各式實用表格，討論題綱設計甚至網路讀書會的開展與運作，都有詳細步驟說明，你只要按圖索驥就能做得到。記起過往讀書會帶領培訓剛開課時，跟大家說要組讀書會時，當場就聽到不少抱怨，搖頭說太難不敢也不知如何做，當大家學到書中敍述的步驟後，發現很容易。在籌組讀書會過程中，也看到不少人直接將家人納入讀書會成員，結果發現家庭關係變得更融洽，溝通也更容易。願你也能從中創造更多的收益！

在此先感恩我啟蒙老師王介言老師，附錄中的圖表大多來自她的設計。現在還想起培訓時，老師一再提醒，讀書會的「會」，就是要討論交流與分享，所以一定要將這部份學好，且說這部分的能力不只用在書或團體，凡人與人對話，諮商師與個案間的諮詢，企業主管與員工間對話，甚至與人的溝通及快速掌握住重點，都很好用。我的經驗確如老師所言，相信透過本書所傳導的帶領討論及催化團體的技能，會助你成為優秀帶領人！

特別高興，這本集我 25 年所得精華的珍貴禮物終於成書出版。不論你是新手還是已在帶領讀書會或其他不同類別團體，遇到困擾時，翻翻此書都會找到靈感及答案。

感謝出書過程中所有促成的各方力量，中間來回修改六次，後因各地新冠肺炎發生，臨時請出版社協助增添網路讀書會內容，特別感恩出版社對我的耐心及協助。感恩許盛源老師作為大陸第一批讀書會培訓的帶領者，他提醒我，可以在序中快速讓讀者瞭解，本書對於帶領繪本、書、電影等團體的巨大價值。感恩黃喬伊老師無私分享他的經驗，少了我摸索時間。這書在父親臨終時完成，謹以此書感恩獻給父親曹樹績先生及我先生李乃力一路護持。

最後說明此書雖就繪本、書、影像如何用於讀書會，及團體帶領解說得很詳盡，書中所述方法，也適用任何媒材，不論你是否想成為帶領者，用此方法自我閱讀或共讀，都能增進你對書的深度與廣度及帶領能力。祈願大家都能成為像普照大地陽光般的播種者；去扮演只要自己在場就能讓別人快樂的影響者！

祝福大家！我愛你們！

海峽兩岸團體讀書會帶領人、高效能帶領師訓練導師

目錄 CONTENTS

CHAPTER. 01

讀書會的基本

Basics of Reading Group

CHAPTER. 02
讀書會的角色
The Role of Reading Group

CHAPTER. 03
讀書會前的準備
Preparation Before the Reading Group

CHAPTER. 04

帶領討論

Lead the Discussion

CHAPTER. 05

營造團體狀態

Create Group Status

CHAPTER. 06

其他須知及實務範例

Other Notes & Practical Examples

CHAPTER. 07

附錄

Appendix

讀書會的基本

CHAPTER 1

在資訊爆炸的現代社會，若不實踐「活到老學到老」的精神，很容易失去競爭力並遭到淘汰。因此，有不少人透過參加讀書會來自我充實。

這股讀書會風潮不僅代表「閱讀」仍是無可取代的學習方式，更代表讀書不再只是限於個人的學習活動。再加上近代網路科技的蓬勃發展，運用直播或視訊等方法運作的網路讀書會模式也陸續出現。關於網路讀書會的詳細說明，請參考 P.202。

只要掌握好關於讀書會的概念及實作須知的眉角，人人都能組織出自己理想中的讀書會，在終身學習的道路上結伴同行，不再落單！

ARTICLE 01 01

讀書會的概念

不論讀書會的團體類型和聚會活動內容如何變化，舉辦讀書會的目標就是要讓參與的人能「與他人共同針對閱讀材料進行討論」，而進行討論的方式可以是分享自己的經驗、感悟及心得，並探討各自閱讀時沒能想通或感到疑惑的部分，以從中激盪出從未思考過的觀點。

為了在讀書會運作中落實人與人之間的觀點交流，有意願組織讀書會的人必須先理解「讀書會」這三個字分別蘊含的意義，才能在不失去核心精神的前提下，變化出讀書會的各種可能性。

「讀」的含義

客觀理解文意，並建立自己的觀點。

讀書會的概念

「書」的含義

泛指任何能與人互相討論的客觀材料，且通常具有特定的主題、範圍及結構。

「會」的含義

由帶領者協助參與者定期交流彼此的觀點，並學以致用。

SECTION 01 ／「讀」的含義

COULMN 001 學習新知

讀書可以是為了增進知識、拓展思維、擴展人際關係並豐富自己的生命，也可以是為了休閒娛樂或打發時間。但讀書會若能以學習新知、豐盈生命為目標，帶領者和參與者就會比較願意在讀書會中抱持積極學習的心態，而積極學習的心態，對自我提升和個人的成長有很大的助益。

COULMN 002 理解文意

閱讀不僅是以眼睛瀏覽書中的內容，還必須客觀的理解文意，將閱讀到的內容消化成自己的知識。如果在閱讀過程中遇到不明白或不確定內文意義的地方，可以自行查找相關資料或找人討論、求教，盡力解開遇到的疑惑，千萬不要在不理解內容的情況下胡亂猜測書中的含意，否則難以藉由閱讀達到自我成長的目的。

COULMN 003 反思閱讀內容

在充分理解書中要表達的意義之後，讀者可以將書中內容與自己原有的知識進行比較，並針對閱讀材料思考以下問題：

- 書中有哪些部分對我而言是全新的收穫？
- 書中有哪些部分可以與我的經驗互相呼應？
- 書中有什麼內容特別觸動我？
- 書中有什麼收穫可以實際應用於我的生活？

透過思考相關問題再與閱讀材料產生對話，不但能加深對閱讀材料的印象，還可以將書中的知識與自己的日常生活結合，實現學以致用的目標。

COULMN 004 建立自己的觀點

在反思閱讀的內容時，除了能在生活中尋找實踐的方法之外，還能訓練自己獨立思考的能力。當我們讀完一本書之後，可以嘗試思考以下問題：

- 書中的敍述是有道理、有依據的嗎？
- 我同不同意作者的想法？
- 我同意或不同意書中內容的理由是什麼？

如果能在每次閱讀結束後，練習思考以上舉例的問題，就能透過書中的內容建立屬於自己的觀點，鍛鍊獨立思辨的能力，使自己成為一個有主見的人。

學習新知

以學習為目的而閱讀，以達到自我提升的功效。

理解文意

客觀的理解文意，將閱讀到的知識消化成自己的知識。

反思閱讀內容

結合書中的知識與自己的生活，進而學以致用。

建立自己的觀點

思考自己同不同意書中內容，藉此訓練獨立思考的能力。

SECTION 02 ／「書」的含義

讀書會的「書」不一定是指書本，而是泛指任何能夠作為與人互相討論的客觀材料，且通常具有特定的主題、範圍及結構。雖然早期的讀書會是以書本作為主要閱讀材料，但隨著傳播科技持續且快速的發展，如今可作為學習的閱讀材料早已不僅限於紙本書或純文字的形式，因此會將閱讀材料分成文字類及非文字類進行說明。

COULMN 001 文字類閱讀材料

以文字為主，用來傳播資訊的材料，例如：文字書、報紙、雜誌和網路文章等。文字類閱讀材料又可分別以科目、主題或功能等不同屬性作分類。

依科目分類

可分為文學、社會學、心理學、科學及哲學等不同知識領域的閱讀材料。

依主題分類

可分為性別、親職、理財及心靈成長等不同主題的閱讀材料。

依功能分類

可分為知識學習型（例如：專業科目教材）、生活應用型（例如：DIY 工具書）及休閒娛樂型（例如：輕小說）等不同功能的閱讀材料。

COULMN 002 非文字類閱讀材料

以圖像、影像、牌卡或聲音等非文字方式為主，用來傳播資訊的材料，其中又可細分為圖像類、影像類、牌卡類及其他類閱讀材料。

圖像類閱讀材料

例如：繪本、漫畫和攝影集等。

影像類閱讀材料

例如：電影、微電影、影集和動畫等。

牌卡類閱讀材料

例如：OH 卡、說書人牌卡和彩虹卡等。

其他類閱讀材料

例如：音樂、展覽、自然風景和時事話題等。

影像類

以影像類閱讀材料為主的讀書會，例如：電影讀書會。

圖像類

以圖像類閱讀材料為主的讀書會，例如：繪本讀書會。

牌卡類

以牌卡類閱讀材料為主的讀書會，例如：OH 卡讀書會。

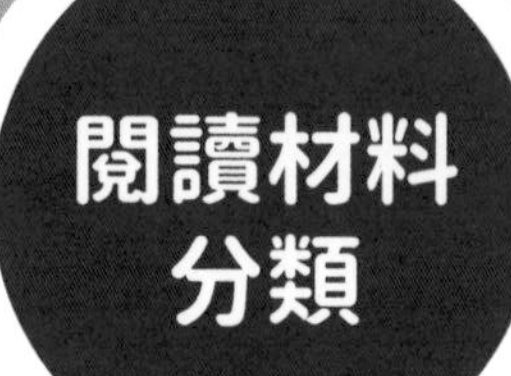

文字類

以文字類閱讀材料為主的讀書會，例如：推理小說讀書會。

閱讀材料分類

其他類

以其他類閱讀材料為主的讀書會，例如：大自然讀書會。

SECTION 03 ／「會」的含義

「會」是指一群人聚在一起，並有目的地針對閱讀材料進行討論。在讀書會中一般會有一位參與者擔任帶領者，並由這位帶領者協助整場讀書會活動能夠順利進行。關於帶領者詳細的角色定位及任務，請參考 P.38。

COULMN 001 定期聚會

固定頻率的讀書會聚會，可以成為督促個別參與者持續閱讀的動力，而帶領者也能長期觀察參與者的成長狀況。

COULMN 002 人數限制

通常一場讀書會參與者的總人數約 8 ～ 15 人較合適，若超過 15 人則建議分組進行討論活動，以確保所有參與者都能盡情參與討論並有所收穫。

COULMN 003 交流觀點

在讀書會的討論過程中，參與者能充分交流彼此的讀後感想或觀點是重要的一環，因為參與者可從討論中拓展自己思維，或給予他人啟發。即使是相同的閱讀材料，也會因為每個人的生命經驗不同而產生各自的解讀，並延伸出不同的觀點。

COULMN 004 學以致用

當參與者經過閱讀及交流觀點後，可嘗試從中找出能應用於生活的內容，由帶領者協助、引導參與者，將他們選擇的內容轉化成可以具體實踐的方法，讓參與者在讀書會中追求自我成長的動力得以延伸到日常生活中，並以行動帶來生命真實的改變。

定期聚會

固定頻率的讀書會聚會。

人數限制

通常一場讀書會總人數約8～15人較合適。

交流觀點

從閱讀及交流觀點中找出能具體實踐的方法。

學以致用

參與者彼此分享讀後的感想或觀點。

對你而言，讀書會是什麼？曹春燕老師曾在帶領讀書會時，邀請參與者分組畫出自己心目中讀書會的模樣。此圖為參與者分組進行討論及繪畫的情景。

這三張圖分別是參與者根據心目中讀書會的模樣所繪製出的作品。

① 左側作品所繪製的是「心中的桃花源」，代表著讀書會非常豐盛溫暖，待在其中可以感到快樂，讓人每個禮拜都會期待讀書會的時間。

② 右上作品所繪製的是「內在的花園」，大樹代表只要做自己，自然可以吸引志同道合的花草及蝴蝶共存、太陽代表著在讀書會中可以喜悅的分享且不求回報。

③ 右下作品所繪製的是「讓愛飛翔」，代表著讀書會就像是在天氣好的日子裡輕鬆歡樂的野餐，可以盡情享受陽光和愛，並且有許多人同聚一堂，共同追求自我的成長。

SECTION 03 ／ 讀書會與成長團體的比較

COULMN ・001・ 成長團體簡介

成長團體是社會工作者協助團體參與者發展個人潛能及洞察自己與他人能力的方法，且團體的目標通常是提升參與者的個人情緒處理能力或人際互動能力。

成長團體的運作方式是以小團體的形式，讓參與者在感到安全與自由的氣氛下願意真誠的接納與表達自己，並透過與其他參與者的互動來學習尊重彼此，從而能夠自我肯定，最終達到自我成長的目標。

COULMN ・002・ 讀書會與成長團體的異同

雖然讀書會適合以小團體的方式進行，也鼓勵參與者互相分享與交流，並希望能夠協助參與者自我成長，但是讀書會仍然與成長團體不同。其中最明顯的差異是讀書會的運作裡一定存在著「書」或非文字類的閱讀材料，尤其在與他人討論的過程中，一切都是從閱讀材料中的內容出發，有別於成長團體是以參與者遇到的困難或需求展開討論。

<table>
<tr><th>名稱</th><th>讀書會</th><th>成長團體</th></tr>
<tr><td rowspan="2">相同處</td><td colspan="2">人數不適合太多，以小團體為主。</td></tr>
<tr><td colspan="2">參與者以追求自我成長為目標。</td></tr>
<tr><td rowspan="5">相異處</td><td>強調知識學習與思想交流。</td><td>強調心理成長與潛能開發。</td></tr>
<tr><td>以閱讀材料的內容展開討論。</td><td>以參與者的遇到的困難或需求展開討論。</td></tr>
<tr><td>注重對閱讀材料的理解及觀念啟發。</td><td>注重參與者的自我覺察。</td></tr>
<tr><td>對話與互動以知性為主，感性為輔。</td><td>對話與互動以感性為主，知性為輔。</td></tr>
<tr><td>帶領者須運用帶領讀書會的技巧。</td><td>帶領者須運用團體諮商的技巧。</td></tr>
</table>

ARTICLE 01 02

讀書會的特性

為了使參與者在讀書會中能實際達成交流觀點、啟發思考的效果，所以讀書會基本上具有以下幾點特性：

讀書會的特性

01 **自願參與**
主動成為讀書會參與者。

02 **自主學習**
共同選擇學習方向，並為自己負責。

03 **心胸開放**
包容不同意見，理解對方想法。

04 **聚焦對話**
鼓勵參與者表達，並互相給予回應。

05 **人人平等**
參與者彼此互為師生、互相學習。

SECTION 01 ／ 自願參與：主動參與讀書會

參與者主動參加或籌組讀書會。

GOOD 對讀書會的好處

讀書會是團體共同學習的組織，而主動參與讀書會的人在學習意願及參與團體事務方面通常比較積極，所以有助於提升讀書會的學習氛圍與團體的凝聚力。

NOTICE 注意事項

由非自願參與者組成的讀書會中，帶領者可嘗試引發非自願者的興趣，否則參與者可能會抗拒閱讀指定材料或直接缺席讀書會，導致整個讀書會團體難以長期維持與經營。

SECTION 02 ／ 自主學習：共同選擇學習方向，並為自己負責

每個參與者都是自己的主人，對於團體事務可以共同討論及做決定，例如：團體規範的內容、閱讀材料的選擇及每次聚會的學習目標等。除此之外，每個參與者也須為自己的學習狀態負責，當個人遭遇瓶頸時，不應責怪外在環境，而是要回頭檢視自己，找到自己當下的問題，並尋找解決問題的方法。

GOOD 對讀書會的好處

當參與者有機會共同決定學習目標時，就能夠有效提高團體學習的興趣與動機；當參與者決定為自己的學習狀態負責，就代表參與者已有能力覺察自身的狀態，並且相信自己是有能力面對、克服困難的。關於參與者角色的詳細說明，請參考 P.54。

NOTICE 注意事項

不論是帶領者訂立過於死板的團體規範，缺乏讓參與者討論及修改的空間；或是帶領者希望能盡速改善參與者的困境，導致帶領者想要代替參與者做決定，以上情況皆違背了自主學習的特性。畢竟帶領者應是中立的角色，必須尊重每位參與者的意願與需求，以免過度干涉參與者的自由意志。關於帶領者角色的詳細說明，請參考 P.38。

SECTION 03 ／ 心胸開放：包容不同意見，理解對方想法

遇到與自己不同想法的人時，應抱持好奇心並嘗試理解對方的見解。因為讀書會是一個讓參與者彼此間能交流閱讀觀點的場合，所以不論是帶領者還是參與者，皆須保持開放的心胸，並在討論過程中允許各種不同觀點的出現。

GOOD 對讀書會的好處

若能在讀書會中營造出接納多元觀點的氛圍，不僅對參與者而言具有鼓勵表達意見的作用，還可以提升參與者間互相交流觀點及啟發思考的機會。另外，對於不同觀點的陳述，參與者之間可以良性爭辯，但須避免敵對的言語攻擊。

NOTICE 注意事項

若有參與者因彼此意見不同而互相謾罵攻擊，帶領者須適當介入，先制止不理性的發言，再引導雙方冷靜溝通，以達成互相理解的目標。關於參與者出現言語攻擊的建議處理方式和參考應對語句的詳細說明，請參考 P.133。

SECTION 04 ／ 聚焦對話：鼓勵參與者表達，並互相給予回應

在讀書會中，參與者除了須各自表達己見，還需要聆聽及回應自己想法。而無論是在充分理解對方想法後給予意見回饋，或是針對他人發言的內容加以延伸補充，皆能使討論主題聚焦，讓參與者間的對話產生交集。

GOOD 對讀書會的好處

參與者間的對話若能聚焦於特定討論主題，就會比較容易發展成深度的觀點進行交流與激盪，這些對話不但有助於拓展思維，還可以藉機釐清自己支持的價值觀，且參與者間的夥伴情誼，也有機會因深度交流而變得更加緊密及互相信任。

NOTICE 注意事項

當參與者間的發言內容彼此不相關時，帶領者可適時整理參與者的發言內容，抓出幾個值得討論的方向，否則團體討論將流於各說各話的局面，難以達到互相啟發思考的效果。關於參與者熱烈拋出許多觀點的建議處理方式和參考應對語句的詳細說明，請參考 P.135。

SECTION 05 ／ 人人平等：參與者彼此互為師生、互相學習

在讀書會中，不論年紀、性別或職業等差異，每個人的地位都是平等的。即使擔任帶領者，也不該享有任何權威地位。因為在讀書會中，所有人都可能是啟發自己的老師，而自己的發言也可能使其他參與者有所收穫。

GOOD 對讀書會的好處

在人人平等的基礎上，不僅參與者能較自在表達自己的想法，不用害怕自己不專業而不敢發言，而且參與者間也較易發展出互相信任並願意互相幫助的團體氛圍。

NOTICE 注意事項

有些參與者會誤以為帶領者的角色等於老師或專家，因而依賴帶領者解答疑惑，此時帶領者須提醒參與者「彼此互相學習的概念」。關於帶領者及參與者 NG 心態的詳細說明，請參考 P.52 和 P.59。

ARTICLE 01 03 讀書會的功能

參加讀書會與獨自閱讀相比，除了可以收穫更多對閱讀材料的觀點之外，還具有以下的功能：

SECTION 01 ／ 養成閱讀的習慣

閱讀習慣不僅是指規律閱讀的行為，也包含跨領域閱讀的能力，而參加讀書會正好能夠幫助參與者建立良好的閱讀習慣。

COULMN 001 養成規律閱讀的習慣

成為讀書會的參與者就代表需要定期閱讀指定材料，且必須在讀書會中分享自己閱讀過後的看法與心得，所以參與讀書會可以使參與者在自己的生活中安排閱讀時間，並使閱讀成為自己終身學習的方法。

COULMN 002 養成跨領域閱讀的習慣

讀書會的參與者可能會透過閱讀指定材料而接觸到原本自己不會主動了解的主題或專業領域，使得參與者必須學習跨領域的知識，並從中擴展閱讀的視野，然後養成跨領域的閱讀能力。

SECTION 02 ／ 提供人際互動的機會

出席讀書會聚會的參與者都可以面對面互動交流，所以參與讀書會可説是結識好友的絕佳機會，而且參與者間不但可以互相交流觀點，還可以互相分享人生經驗及適時給予情感支持，進而從中獲得團體歸屬感。

COULMN 001 互相交流不同觀點

定期參與讀書會的討論，不僅可使參與者有機會認識更多喜愛閱讀的朋友，也可以透過討論書中內容與他人交流不同的觀點，以達到思想上互相啟發的效果。

COULMN 002 互相分享人生經驗

在讀書會的討論過程中，參與者間除了互相交流觀點外，還可以將書中討論的議題延伸至生活或生命經驗中，促使參與者彼此分享生活經驗，從中獲得更多人際互動的機會。

COULMN 003 互相給予情感支持

在討論過程中，有的參與者會從書中內容聯想到自身面臨的處境，進而產生情緒上的激烈反應，此時其他參與者可以同理心傾聽及陪伴，並等他情緒平復後再表達正向的情感支持或鼓勵，如此可使讀書會的參與者不只是在知識上互相切磋，還可以培養出更深厚的夥伴情誼。

SECTION 03 / 提升個人民主素養

在現代民主社會中，擁有良好的溝通能力、獨立思辨的能力以及尊重多元意見的心胸都是人民參與公共事務必備的民主素養，而參與讀書會正具有提升個人民主素養的功能。

COULMN 001 提升傾聽及表達的能力

當參與者需要針對閱讀材料進行討論時，可順勢練習自己傾聽與表達能力的機會，因為在討論過程中，參與者必須真正聽懂對方所說的話，才有可能給予對方意見回饋；而參與者在發言時，也必須準確表達自己腦中的所思所想，才有能力與人交流觀點。所以須具備良好的傾聽及表達能力，才能順暢的與人溝通。

COULMN 002 提升獨立思辨的能力

讀書會的參與者在獨自閱讀及與人討論時，皆須思考自己接收到的訊息是否有邏輯或道理，並藉此練習自己獨立思辨的能力。

COULMN 003 學習尊重多元意見

讀書會本來就是一個允許不同觀點相互思辨並激盪的場合，所以當參與者遇到與自己不同想法的夥伴時，應該先真正理解對方為什麼有這樣的想法，再理性給予自己的回饋，並尊重彼此的差異。

SECTION 04 ∕ 培養讀書會帶領者

如果想要培養自己帶領讀書會、工作坊或成長團體的本事，建議先從成為讀書會的參與者開始，因為在過程中不但可以了解基本的運作過程，也可以從其他經驗較豐富的帶領者身上，觀察到值得學習的帶領技巧，並思考自己理想中的讀書會適合運用什麼模式的帶領方法。

在熟悉讀書會的實際運作以及觀察他人的帶領方法後，就可以開始嘗試親自帶領讀書會，如此一來，就能透過實戰經驗來增進與修正自己的帶領技巧，及培養對團體氛圍的覺察敏銳度。關於帶領討論的技巧和營造團體狀態的詳細說明，請參考 P.110 和 P.116。

COULMN 001 熟悉讀書會的運作

對於想籌辦讀書會卻沒有任何讀書會經驗的人而言，可以先藉由參與讀書會來熟悉常見的活動進行方式，例如：暖身活動、導讀書籍、團體討論及參與讀書會的心得分享等環節。關於設計讀書會流程的詳細說明，請參考 P.78。

COULMN 002 觀察其他人的帶領方法

透過參與讀書會來觀察其他資深帶領者的帶領方法，不僅可以學習聚焦對話的能力，還可以觀摩他人如何處理各式的突發狀況，例如：參與者突然在聚會中哭泣的處理方式，或是有參與者總是保持沉默，不願參與討論的處理方式等。關於各式情境處理的詳細說明，請參考 P.127。

COULMN 003 增進帶領討論的技巧

若能累積自己帶領讀書會的經驗，帶領者不僅可以降低遇到各式突發狀況時的緊張或焦慮等情緒，還可以更冷靜面對與處理問題，並從中訓練自己帶領討論的技巧，使自己聆聽、表達、回應及聚焦對話的能力更上一層樓。關於帶領討論的技巧的詳細說明，請參考 P.110。

COULMN 004 增進覺察團體氣氛的能力

經歷多次觀察、參與或帶領讀書會，就有機會增進帶領者對於團體氛圍的覺察敏銳度，進而了解如何掌握讀書會活動的適當進行節奏，使讀書會的整體氛圍能保持在帶給參與者安心的狀態，從無形中影響參與者更積極投入團體活動。

讀書會的功能

01 **養成閱讀的習慣**

培養規律閱讀的習慣及跨領域閱讀的能力。

02 **提供人際互動的機會**

參與者間可以互相交流觀點、分享經驗及給予情感支持。

03 **提升個人民主素養**

提升參與者的溝通及思辨能力，同時學習尊重多元意見的民主素養。

04 **培養讀書會帶領者**

透過觀察或帶領讀書會的經驗，可以增進帶領討論的技巧與營造團體氛圍的能力。

ARTICLE 01 04

讀書會的類型

在明白讀書會的概念、特性及功能之後，接下來就能開始認識讀書會在實務上有哪些類別與形式。如果有意自己籌組讀書會，就可以思考以下哪些讀書會類型最接近你心目中理想的讀書會模樣。

SECTION 01 ／ 依團體形式分類

若以參與者能否自由加入為分類依據，則可將讀書會分為封閉式及開放式讀書會；若以帶領者是否先決定讀書會學習目標為分類依據，則可將讀書會分為結構式及非結構式讀書會。

COULMN 001 封閉式及開放式讀書會

封閉式讀書會

在第一次聚會開始後，或與參與者共同約定幾次後就不接受中途有新參與者加入。

因為此類讀書會的參與者是固定的，且通常會針對特定主題進行較長時間的深入會談，所以較易營造團體的凝聚力。

開放式讀書會

參與者可以隨時加入或退出讀書會。此類讀書會須在每次有新參與者加入時重申團體規範，或須在通訊平台上的群組張貼公告、反覆做出提醒，避免新加入的參與者不小心違反團體規範。

封閉式讀書會	開放式讀書會
參與者固定。	隨時會有參與者加入或退出。
較易營造團體凝聚力。	較難營造團體凝聚力。
除非有人犯規，否則無須重申團體公約。	須在每次有新參與者加入時重申團體公約。

COULMN 002 結構式及非結構式讀書會

結構式讀書會

可以清楚分辨誰是帶領者，而帶領者則會事先設定學習主題及範圍，讓參與者在帶領者的引導下進行學習與討論，且帶領者須隨時注意團體的狀態，並營造令參與者安心的團體氛圍。

非結構式讀書會

帶領者的角色不明顯，且帶領者不會預設學習目標，而是讓參與者透過彼此互動產生學習目標。在讀書會活動初期，參與者會因目標不明確而感到不舒適，而此不舒適的氛圍即是催化參與者與他人互動的主要力量。

結構式讀書會	非結構式讀書會
帶領者角色明顯。	帶領者角色不明顯。
通常會預設學習主題。	學習方向可自由發展。
整體活動有明確流程安排。	參與者感受不到明確流程安排。
帶領者須營造安心氛圍。	團體初期有不舒適氛圍。

SECTION 02 ／ 依參與者組成分類

若以參與者的身分為分類依據，則可以年齡、性別、職業及共同興趣等屬性來分類讀書會。

COULMN 001 以年齡分類

以參與者年齡分類讀書會，常見的有兒童讀書會、青少年讀書會、長青讀書會及親子讀書會等。

COULMN 002 以性別分類

以參與者的性別分類讀書會，常見的有婦女讀書會等。

COULMN 003 以職業分類

以參與者的職業分類讀書會，常見的有企業讀書會、專業人士讀書會及家庭主婦讀書會等。

COULMN 004 以共同的興趣或關注議題分類

以參與者共同的興趣或關注議題分類讀書會，常見的有文學讀書會、女性主義讀書會等。

SECTION 03 / 依閱讀主題分類

若依閱讀主題分類，則可將讀書會分為單一主題讀書會及綜合主題讀書會。

COULMN 001 單一主題讀書會

固定以一個大主題進行多場讀書會，且每場讀書會的小主題皆會與大主題息息相關，適合想要深入探討特定領域知識者參與。

COULMN 002 綜合主題讀書會

進行多場讀書會，但每場讀書會的主題彼此不一定相關，適合想廣泛涉獵各領域知識者參與。

	單一主題讀書會	綜合主題讀書會
主題	每場讀書會主題皆與特定主題相關。	每場讀書會的主題不一定相關。
客群	適合想深入探討特定領域知識者參與。	適合想廣泛涉獵各領域知識者參與。

SECTION 04 / 依閱讀材料分類

若以閱讀材料的類型作為分類依據，則可將讀書會分為文字類、圖像類、影像類、牌卡類及其他類讀書會。

COULMN 001 文字類讀書會

以文字類閱讀材料為主的讀書會，例如：推理小說讀書會。關於文字類閱讀材料的詳細說明，請參考 P.14。

COULMN ·002· 圖像類讀書會

以圖像類閱讀材料為主的讀書會，例如：繪本讀書會。關於圖像類閱讀材料的詳細說明，請參考 P.15。

COULMN ·003· 影像類讀書會

以影像類閱讀材料為主的讀書會，例如：電影讀書會。關於影像類閱讀材料的詳細說明，請參考 P.15。

COULMN ·004· 牌卡類讀書會

以牌卡類閱讀材料為主的讀書會，例如：OH 卡讀書會。關於牌卡類閱讀材料的詳細說明，請參考 P.15。

COULMN ·005· 其他類讀書會

以其他類閱讀材料為主的讀書會，例如：大自然讀書會。關於其他類閱讀材料的詳細說明，請參考 P.15。

閱讀材料分類

01 文字類
以文字類閱讀材料為主的讀書會，例如：推理小說讀書會。

02 圖像類
以圖像類閱讀材料為主的讀書會，例如：繪本讀書會。

03 影像類
以影像類閱讀材料為主的讀書會，例如：電影讀書會。

04 牌卡類
以牌卡類閱讀材料為主的讀書會，例如：OH 卡讀書會。

05 其他類
以其他類閱讀材料為主的讀書會，例如：大自然讀書會。

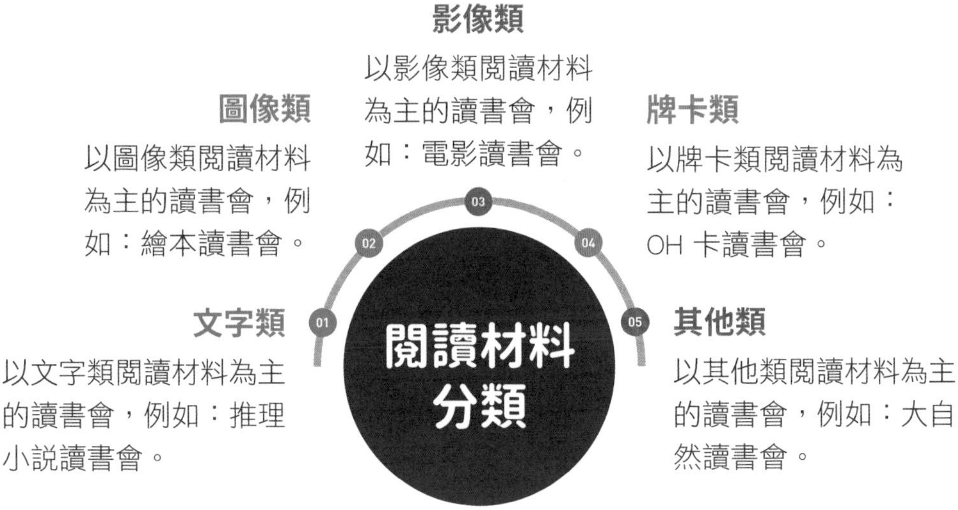

SECTION 05 ／ 依閱讀模式分類

若依閱讀模式分類，可將讀書會分為個讀型讀書會、分讀型讀書會及共讀型讀書會。

COULMN 001 個讀型讀書會

由每個參與者事前讀完相同主題但不同份的閱讀材料，並在讀書會上互相分享閱讀內容後，再開始進行團體討論的讀書會模式。

COULMN 002 分讀型讀書會

將一份閱讀材料拆成幾個段落，並由兩位以上的參與者事前閱讀各自負責的段落，並在讀書會上向其他參與者導讀書中精華後，再開始進行團體討論的讀書會模式。

COULMN 003 共讀型讀書會

所有參與者都要事前讀完相同的閱讀材料，然後在讀書會上進行團體討論的讀書會模式。

	個讀型讀書會	分讀型讀書會	共讀型讀書會
說明	每個參與者閱讀不同閱讀材料。	至少兩位參與者分讀相同閱讀材料。	每個參與者閱讀相同閱讀材料。
模式	互相分享彼此閱讀內容。	負責人導讀閱讀材料。	可自行決定是否要在討論前先導讀。
討論方向	針對共同主題進行討論。	針對共同閱讀材料進行討論。	針對共同閱讀材料進行討論。

SECTION 06 ／ 依聚會進行方式分類

若依聚會進行方式分類，則可將讀書會分為講座型、導讀型、帶領型及混合型讀書會。

COULMN 001 講座型讀書會

每場讀書會皆會先邀請特定領域的專家進行講座，再讓參與者進行討論的讀書會。

COULMN 002 導讀型讀書會

每場讀書會皆會由負責人先導讀閱讀材料內容，再讓參與者進行討論的讀書會。

COULMN 003 帶領型讀書會

整場讀書會的活動皆會由一位帶領者協助進行，包括暖身活動、帶領討論及安排回家作業等，且帶領者可依照團體約定輪流擔任或固定人選，而當聚會人數過多時則會分組進行討論活動。

COULMN 004 混合型讀書會

將前述三種讀書會任選兩種以上，再加以結合的讀書會模式，例如：在每場讀書會先邀請專家進行講座後，再由帶領者引導參與者進行討論。

講座型讀書會	導讀型讀書會	帶領型讀書會	混合型讀書會
先聽講座 再討論。	先導讀再討論。	由帶領者帶領 暖身與討論。	混合兩種以上的 讀書會模式。

SECTION 07 ／ 依聚會調性分類

若以聚會調性分類，則可將讀書會分為知性讀書會及感性讀書會。

COULMN 001 知性讀書會

在討論過程中，參與者較注重增加知識、啟發思考及觀點交流等知性收穫的讀書會，而當男性參與者較多時，通常讀書會調性適合偏向知性，因男性通常較理性。

COULMN 002 感性讀書會

在討論過程中，參與者較注重經驗分享、情感交流，以及獲得團體歸屬感等感性滿足的讀書會，而當女性參與者較多時，通常讀書會調性適合偏向感性，因女性通常較感性。

	知性讀書會	感性讀書會
注重面	參與者較注重知性方面的收穫。	參與者較注重感性方面的滿足。
人員	通常男性參與者較多。	通常女性參與者較多。

CHAPTER 2
讀書會的角色

通常在一場讀書會中存在兩種角色：

- **帶領者**：負責讀書會事前活動規劃，和在聚會時引導參與者進行活動的人。
- **參與者**：參與讀書會的人。

在讀書會的運作裡，帶領者和參與者皆有各自需要肩負的任務，及心態上的準備，所以唯有仰賴帶領者及參與者的共同努力，才有可能創造出精彩的讀書會。

ARTICLE 02 01

帶領者的角色

身為一個讀書會的帶領者，必須對自己該做的任務、在讀書會中存在的功能，以及自己應具備的心態有透徹的了解，才能順利推動讀書會的各項事務。

SECTION 01 ／ 帶領者的任務

為了確保讀書會能正常運作，帶領者須負責讀書會從無到有的籌備事項、進行聚會前的準備工作、聚會時的活動帶領，以及團體氛圍的營造等任務。

讀書會前的準備

從無到有建立讀書會的全部事務，包含企劃、招生及設計活動流程等。

帶領者的任務

帶領討論

包括帶領討論前的準備工作，以及帶領討論的技巧。

營造團體氛圍

時常覺察團體當下的氛圍，並有計畫的提升團體動力。

COULMN 001 讀書會前的準備

從無到有建立一個讀書會所須籌辦的全部事務，而這些事務可以分成企劃階段、招生階段及設計流程階段來進行說明。

企劃階段

思考讀書會組成的目的、招生的對象等問題，並撰寫企劃書。

招生階段

設計招生報名表及海報，並尋找讀書會宣傳管道。

設計流程階段

設計每次聚會的詳細活動內容及時間規劃。

企劃階段：思考讀書會組成的目的、招生的對象等問題，並撰寫企劃書

在企劃階段，帶領者必須思考讀書會組成的目的為何、預計的招生對象是誰、要選擇什麼學習主題、要選擇什麼類型的閱讀材料、預計的聚會地點與聚會頻率為何等問題，並將以上事項撰寫成讀書會企劃書，以作為未來帶領讀書會的參考依據。關於讀書會企劃階段的詳細說明，請參考 P.62。

招生階段：設計招生報名表及海報，並尋找讀書會宣傳管道

在招生階段，帶領者必須設計招生報名表及招生海報，還需要根據目標招生對象去尋找適合的讀書會宣傳管道，以儘早招收到足額的參與者，使讀書會團體能成功建立起來。關於讀書會招生階段的詳細說明，請參考 P.71。

設計流程階段：設計每次聚會的詳細活動內容及時間規劃

在設計流程階段，帶領者必須設計每次聚會的活動內容及時間規劃，且在設計活動流程時，須區分為第一次聚會的活動流程，及非首次聚會的活動流程。因為讀書會第一次的聚會目標是要讓參與者了解自己的權利和義務，以及互相自我介紹、表達各自對讀書會的期待等，以完成團體制度的建立及其他要務的規畫，所以不同於非首次聚會的流程，在過程中不會安排導讀書籍或正式團體討論的環節。關於設計流程階段的詳細說明，請參考 P.78。

COULMN ·002· 帶領討論

帶領討論前的準備工作，以及帶領討論時應該具備的技巧。

帶領討論前的準備

熟讀閱讀材料、設計討論提問，及通知參與者準備事項。

帶領討論的技巧

適時運用聚焦對話的技巧，並及時處理突發狀況。

帶領討論前的準備：熟讀閱讀材料、設計討論提問，以及通知參與者準備事項

帶領者在每次聚會前，須先熟讀閱讀材料，並從中挑選出想要讓參與者討論的主要概念，再根據閱讀材料的內容，以及主要概念來設計聚會時要討論的提問。若有任何需要參與者事先準備的物品，則帶領者須提早通知參與者做準備。關於帶領討論前的準備的詳細說明，請參考 P.94。

帶領討論的技巧：適時運用聚焦對話的技巧，並及時處理突發狀況

在帶領討論時，不僅需要有效運用提問、傾聽、回應、聚焦對話及做結論等技巧，還需要控制活動時間，並及時處理現場發生的各種狀況，例如：參與者間發生惡意爭吵、有參與者沉默不語或過度滔滔不絕等情況。關於帶領討論的技巧的詳細說明，請參考 P.110；關於各式情境處理的詳細說明，請參考 P.127。

COULMN ·003· 營造團體氛圍

帶領者須時常覺察團體當下的氛圍，並有計畫的提升團體動力，以創造良好的團體凝聚力。

覺察團體狀態

透過參與者的言行判斷團體運作的狀態，並適時調整團體氛圍。

提升團體狀態

帶領參與者解決團體內的問題，以及長期經營讀書會。

覺察團體狀態：判斷團體運作的狀態，並適時調整團體氛圍

帶領者可以透過參與者的發言，或行為來判斷團體運作的狀況，並適時運用不同的回應技巧，來調整團體氛圍。關於覺察團體狀態的詳細說明，請參考 P.119。

提升團體狀態：帶領參與者解決團體內的問題，以及長期經營讀書會

提升團體狀態可分為三部分探討，第一部分是適時運用技巧調整讀書會的氣氛；第二部分是當團體內發生問題時，帶領者該如何帶領所有參與者去共同解決；第三部分則是關於讀書會的運作，如何長期維持與提升狀態。關於提升團體狀態的詳細說明，請參考 P.122。

SECTION 02 ／ 帶領者的功能

帶領者的功能是協助讀書會活動能順利進行，以及讀書會團體能長期發展茁壯，並透過參與讀書會的過程，使參與者和帶領者能有知識上的收穫外，還能共同活出真實快樂的自己，以及活出生命真正的自由。為了達到這些目標，帶領者需要發揮以下功能：

帶領者的功能

01 **傾聽需求**

須顧及參與者的需求，以擬定適合的學習方向及活動安排。

02 **凝聚信任**

須先取得參與者的信任，才能創造安全的討論環境。

03 **促進有品質的團體討論**

可事前充分了解討論主題，並運用帶領技巧，讓團體討論更有品質。

04 **協助參與者學以致用**

引導參與者學以致用，以達到改變生活的目的。

COULMN 001 傾聽需求

若想要順利籌辦及運作一個讀書會，帶領者就必須兼顧不同對象對讀書會的期許，並根據目標擬定適合的學習方向及活動安排。通常讀書會的目標來源有三種，分別是上級機構的期望、帶領者設定的主題，以及參與者各自的需求。

上級機構的期望：了解機構對讀書會的期望

若是由特定機構成立的讀書會，帶領者就需要顧及上級機構對讀書會的期望。

例如：在為了讓員工更理解企業文化而設立的讀書會中，帶領者在規劃讀書會活動時，就必須把公司的期望納入考量。

帶領者設定的主題：先設立讀書會的學習目標

若是由帶領者自己建立的讀書會，帶領者可在籌劃讀書會時，先設定主題，以作為讀書會的學習目標，例如：探討婚姻、親子、養生或當時國家社會發生的重大事件等主題。

參與者的需求：了解參與者的動機

不論是由機構還是帶領者成立的讀書會，都須傾聽參與者加入讀書會的動機，並將他們的個人目標融入讀書會的活動安排中。

例如：若有參與者想要上台練習發言的膽量，則帶領者可在過程中安排參與者上台發表感想的環節，使參與者的需求可以被滿足。

傾聽需求

由特定機構成立的讀書會，須顧及上級機構的期望。

由帶領者自己創設的讀書會，可先設立讀書會的學習目標。

須將參與者的個人目標融入讀書會的活動安排中。

COULMN 002 凝聚信任

若期望讀書會參與者能夠踴躍發表自己的感想，帶領者就必須先營造出能讓參與者願意吐露真心話的環境，而要讓參與者感到安心的唯一方法，就是先凝聚參與者對團體的信任。以下是凝聚團體信任的方法：

保密參與者的隱私：不可洩露訊息給團體外的人

在讀書會第一次聚會時，帶領者應告知所有參與者不可將團體內的任何訊息洩漏給團體以外的人，以保障團體內參與者的隱私權，而保障個人隱私是獲得參與者信任的重要條件之一。

帶領者率先誠實：誠實表達自己，鼓勵參與者發言

帶領者必須在團體內先以身作則，展現出誠實表達自己感想的狀態，才能藉此鼓勵參與者勇敢表達自己，並同時對較不熟悉讀書會運作的參與者，示範良好的團體參與態度。

例如：當帶領者不斷進行自我覺察的示範時，可以帶動參與者自我覺察的能力和勇氣，塑造出「我為自己的生命負全責」的團體氛圍，使讀書會進展融洽，並具有品質。關於信任境遇及自我覺察的詳細說明，請參考 P.50。

談論共同經驗：用共同經驗，建立團體共同感

先談大部分人都可能經歷過的事物，不僅可以避免參與者難以回答的窘境，還可以透過分享彼此相似的經驗或感受，進而拉近參與者間的距離，甚至建立個別參與者對團體的共同感。

而在帶領讀書會的過程中，有時候參與者發言不踴躍的原因，通常不是不敢說，而是不知道要說什麼，所以帶領者在剛開始帶領討論時，建議先從大家都能回應的簡單問題，或從閱讀材料中就能找到答案的問題開始提問，為接下來的團體討論做暖身。

接納負面感受：讓參與者安心表達真實的感受

當參與者在讀書會團體中，發表自己較負面的想法及感受時，帶領者須營造出發言者能安心表達自己負面感受的氛圍。

例如：當參與者指出帶領者引導討論時的缺點，或抒發個人的痛苦經驗時，帶領者須讓發言者感受到自己的言行是被接納、被允許的，並給予支持與溫暖。如此可使參與者相信讀書會是一個既溫暖又能夠安心表達真實感受的團體。

保密參與者的隱私

不可將團體內的任何私事洩漏給團體以外的人。

帶領者率先誠實

帶領者必須先誠實表達自己，藉此鼓勵參與者表達己見。

談論共同經驗

先談大部分人都可能經歷過的事物，以建立團體共同感。

接納負面感受

帶領者須讓發言者能夠安心表達自己真實的負面感受。

COULMN 003 促進有品質的團體討論

在帶領者的協助下，團體在討論過程沒有偏離讀書會的核心學習主題，且參與者間有充分的對話與互相理解的團體討論，並順利達到啟發思考及學習新知的目的。以下將說明能有效促進討論的方法。

充分了解討論主題：熟讀相關資料

帶領者須在帶領討論前，充分了解與閱讀材料相關的資料，才能在討論時，提供參與者更多資訊，以促進他們思考及討論，並依此判定參與者的發言內容是否嚴重離題。若參與者已離題，則須即時將討論內容拉回正軌。

運用帶領討論的技巧：使團體討論聚焦

在帶領討論時，帶領者可適時運用提出問題、回應參與者、整理參與者的意見等技巧，使參與者集中思考及討論重點議題，藉此加強討論的深度。關於帶領討論的技巧的詳細說明，請參考 P.110。

掌握發言及總結的時間：注意時間的控管

帶領者須注意每個參與者的發言時間，並掌控活動的時間分配。

每次讀書會討論的時間有限，因此帶領者要掌握好時間，必要時可平均分配發言的時間，使每個參與者都受到同等的尊重。另外，若討論時間已接近尾聲，帶領者須提醒參與者準備結束討論並做總結，若有議題尚未被充分討論，則應留到下次讀書會再繼續討論。

促進有品質的團體討論

在討論前充分了解相關資訊，可判斷參與者是否離題。

適時運用技巧，使參與者集中思考及討論重點議題。

須注意每個參與者的發言時間，並掌控活動的時間分配。

COULMN ·004· 協助參與者學以致用

參與讀書會是一種學習，而所有的學習都會回歸到如何實際運用的考量上，因此帶領者需要協助參與者，將讀書會上學習到的新知實際應用在他們的生活中，甚至對他們的生活產生改變。帶領者可運用以下方法達到引導參與者應用所學的目的。

設計相關情境提問

設計與日常生活相關的問題，使參與者思考如何在生活中應用知識。

安排回家作業

根據主題安排相關回家作業，鼓勵參與者在生活中運用所學。

設計相關情境提問：使參與者思考如何活用所學

設計與日常生活相關的議題，使參與者思考如何在生活中應用新學到的知識或概念。

當帶領者設計討論提問時，就可以透過類似「你在生活中有沒有遇到類似情況？你當時怎麼處理的？」、「如果是你遇到這件事，你會怎麼選擇？」等問題，幫助參與者將閱讀材料與自己的日常生活做連結，使參與者的思維模式從單純吸收資訊，轉化成會主動思考如何在生活情境中應用相關知識。

安排回家作業：鼓勵參與者應用所學

以安排回家作業的方式，邀請參與者嘗試在生活中運用所學，是最直接幫助他們學以致用的方法。在每次聚會結束前，帶領者可根據閱讀主題，以及在讀書會中所建構出的新概念，來安排相關的回家作業，且回家作業須是明確具體的行動，才能讓參與者更容易達成作業的要求。

SECTION 03 ／ 帶領者的心態準備

在了解帶領者的任務及功能後，還須具備帶領者應有的心態，才能在擔任讀書會帶領者時落實自己的職責，並避免在帶領過程中，做出錯誤的判斷與行為。

帶領者的職責除了有「妥善經營讀書會」之外，還有「和參與者共同活出真實和快樂的自己」。因為參與讀書會是人們追求自我成長與提升的方法，而自在的活出真正的自己，就是自我成長中很重要的人生目標。

為了完成「妥善經營讀書會」及「和參與者共同活出真實和快樂的自己」兩項職責，讀書會帶領者須分別針對這兩個目標做足對應的準備，所以帶領者的心態準備可以分為兩類：為了能夠妥善經營讀書會的心態準備，以及為了和參與者共同活出真實和快樂的心態準備。

COULMN ·001·

妥善經營讀書會的心態準備

不預設立場

保持價值中立，不可影響參與者的思考，或和參與者辯論。

保持積極學習的心態

帶領者須透過自學，將更多的資源與知識帶回讀書會中。

凡事以身作則

任何希望參與者能具備的心態，帶領者自己必須先做到。

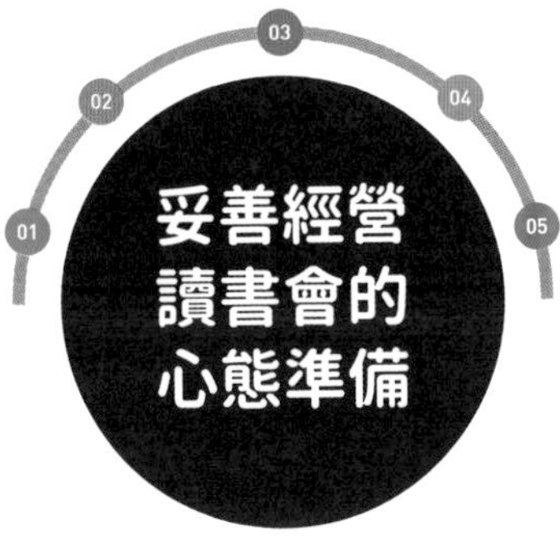

保持開放的心胸

帶領者應誠心接納多元的意見，並坦然面對遇到的困難。

把目標放在心裡

隨時反省自己，是否有帶領參與者往目標前進。

保持開放的心胸：接納多元意見，並面對困難

在帶領讀書會時，帶領者會和各式各樣的參與者相聚一堂，並在討論中聽到各種不同的想法，也可能遇到許多意料之外的突發狀況。因此帶領者應該要保持開放的心胸，誠心接納多元的意見，並坦然面對遇到的困難。

保持積極學習的心態：主動精進知識及帶領能力

參與讀書會是提升自我的途徑之一，而帶領者也是讀書會團體的一份子，所以帶領者也需要保持積極學習的心態，從解讀材料、和參與者互動，以及在設計提問中學習新知。另外，帶領者也需要不斷自修學習，以精進自己帶領讀書會的能力，並將更多的資源與知識帶回讀書會中，使讀書會團體持續活化與提升。

不預設立場：保持客觀中立

在讀書會的討論中，帶領者須保持中立，不要預設正確與錯誤的價值判斷，也不可和參與者辯論或影響參與者的思考。若是希望參與者思考更縝密，帶領者可運用提問或提出不同觀點的方式，來啟發參與者從不同角度思考。

凡事以身作則：成為參與者可學習的榜樣

任何帶領者希望參與者能具備的心態，帶領者自己必須先做到，藉此讓參與者產生仿效良好心態的成長動機。例如：若希望參與者可以敞開自己的心胸盡情投入討論，則帶領者要先敞開自己的心胸，以身作則。

把目標放在心裡：帶領參與者向目標前進

帶領者須隨時反省自己有沒有帶領參與者往目標前進。

在擔任讀書會帶領者之前，應該先思考自己想擔任帶領者的動機為何，以及想帶給參與者什麼樣的收穫。藉此釐清讀書會所須設定的學習目標，並在聚會前做足準備，以及聚會後檢討自己的表現，以確保自己有把參與者帶往正確的目標，並持續向前邁進。

COULMN 002 活出真實和快樂的心態準備

信任境遇及自我覺察：相信並覺察事件發生的正向意義

帶領者要相信生活中所發生的一切事件，都是為了豐盈自己生命而存在，且自己會因此成長為一個更優秀的人。只有自己的心境先轉變，才能從同樣的經驗中，獲得不同的收穫。因此帶領者須隨時自我覺察，以檢視自己的思緒都專注在什麼面向上。

專注樂觀及希望：尋找對自己有利的資源

在帶領讀書會或日常生活裡遇到挫折時，帶領者可隨時提醒自己，去信任一切發生的事件，皆存在有利於自己的部分。因此帶領者應學習用樂觀及專注希望的心態，從負面經驗中尋找對自己有利及有用的資源，並將負面經驗轉變為自我成長的契機，使自己成為快樂又具有影響力的人。

威力點在當下：專注當下並立刻行動

學會專注於當下，了解到每個當下都是威力點，也就是可以調整自身信念的重要時刻，並在重新確立自己的想法後，找出此刻能採取的積極行動，以創造更多可能性。

人們時常為了過去的遺憾而懊悔，或是為了未來的迷茫而擔憂，但是若想要自在的活出自己，應該要學會專注於當下，並在當下改變信念，才能從調整自我中，更自在的活出自己想要的樣子。

活出真實和快樂的心態準備

相信事件發生是為了豐盈生命，並覺察自己想法專注在何處。

樂觀面對負面事件，並從中尋找對自己有利的資源。

學會專注於當下，並了解每個片刻都能重新創造可能性。

SECTION 04 / 帶領者的NG心態

在帶領讀書會的討論時，要將做決定的主導權還給參與者，並須避免參與者對自己過度依賴，因此帶領者須避免用以下心態帶領讀書會。

COULMN ·001· 威權者心態

帶領者不可用上對下的心態和參與者互動，否則難以取得參與者的信任。

在讀書會中人人平等，且每個參與者都是自己的主人，所以帶領者不可以用上對下的威權關係和參與者互動。若帶領者自以為是威權者，將全數決定權握在自己手上，只會將參與者越推越遠，除了無法得到參與者的信任外，也難以營造令人安心的團體氛圍。

COULMN ·002· 教導者心態

帶領者不是老師，不應企圖對參與者以填鴨式的方式灌輸知識，也不應該在帶領討論時，一個人滔滔不絕，而是應該將發言的機會充分留給參與者，讓他們發表自己的感想並互相回應，讓他們從中獲得啟發與學習。

COULMN ·003· 全能者心態

帶領者不等於專家，可以誠實表示自己也不知道答案。

擔任帶領者的人，不等於成為特定領域的專家，因此不須成為提供正確答案的人。若在團體中遇到自己也不了解的問題，可以誠實告訴參與者你不知道答案，需要回去查找資料；或是將問題拋出，讓參與者們即時針對問題進行討論，因很多問題其實沒有標準答案，而是如何去解釋及是否能得到參與者的認同。

COULMN ·004· 拯救者心態

帶領者應以同理心傾聽參與者的想法，讓他感受到陪伴與支持。

在讀書會中，若有參與者提及自己的生活遇到重大難關，並表明自己此時手足無措，且當下正處於強烈的負面情緒時，帶領者必須記得自己不是拯救者，不可輕易提供他任何的建議，而是要先徵詢團體內其他成員願不願意花時間處理這件事，再以同理心專注傾聽他的想法及感受，讓那位參與者感受到團體的陪伴、溫暖與支持。

威權者心態

不可用上對下的心態和參與者互動，否則難以取得信任。

教導者心態

帶領者不應對參與者以填鴨式的方式灌輸知識。

全能者心態

帶領者可以誠實表示自己也不知道答案。

拯救者心態

應以同理心傾聽參與者的想法，讓他感受到陪伴與支持。

ARTICLE 02 02 參與者的角色

身為一個讀書會的參與者，必須對自己該做的任務及該具備的心態有透徹的了解，才能在讀書會中獲得豐富的收穫。

SECTION 01 / 參與者的任務

參與者須認真參與讀書會活動，從中收穫知識上的成長和心態上的改變，並在帶領者的引導及其他參與者的陪伴下，對自己誠實且活出快樂的人生。為了達到以上目的，參與者必須在參與讀書會時，完成以下任務。

COULMN 001 了解參與的動機

確認讀書會能滿足自己的學習動機，並告知帶領者自己期待的學習目標。

當參與者起心動念，決定報名讀書會時，應先釐清自己為何想要參加讀書會，並確認讀書會確實有助於完成自己的目標，接著再將自己的期望告訴帶領者，才能讓帶領者知道如何協助參與者達成原先預期的目標。

COULMN 002 提前完成閱讀

在團體討論前，應確實讀完和思考過指定閱讀的內容。

參與者須提前讀完每次聚會前的指定閱讀篇章，才能在讀書會當下盡情與他人討論。若只依賴帶領者導讀的內容就進行討論，不僅會因為對主題不夠熟悉，而難以產生深刻的思考，並影響整個團體討論的精彩程度外，還會使自己無法從中獲得更多的學習，不利於自己追求成長的目標。

COULMN 003 參與團體事務

積極參與團體事務，從中學習成長。

不管是團體氛圍的營造、團體討論內容的精彩與否，及讀書會的分工運作，皆仰賴每一個參與者投入的心力。因此一名認真的參與者，應該在團體事務中積極參與每一件事，使參與者間的情感更穩固，讀書會也能發展得更有聲有色。

COULMN 004 遵守團體規範

遵守團體規範，並熟悉自己的權利和義務。

每個讀書會有著不同的團體規範，不論是參與訂定團體規範過程的舊參與者，還是中途遞補加入團體的新參與者，都應該遵守團體規範，並熟悉自己獲得的權利及應付出的義務，使讀書會的運作能更加穩定順暢。

COULMN 005 誠實給予回饋

適時表達對聚會的感想，以及對團體夥伴的感謝。

在每一次聚會結束前，在團體中誠實表達自己在聚會過程的心得感想，這不僅可以幫助自己回顧聚會中的重點，還可以幫助帶領者了解整體聚會中的優缺點，以作為他檢討修正的重要依據。另外，也可趁機讚美和感謝你認為在團體討論中，讓你受到啟發的其他參與者，藉此與團體內其他參與者建立友好的夥伴關係。

COULMN ·006· **準時完成作業**

努力學以致用使自己成長，並向團體分享實作感想。

參與者練習做回家作業的目的，主要是為了使自己更加了解如何應用所學，或是藉由從讀書會中學習的新觀念或方法改變自己的生活模式，使自己不斷成長和進步，並將實踐後的經驗感想帶回讀書會中分享，使讀書會的內容更豐富有趣。

1 了解參與的動機
確認讀書會能滿足個人動機，並告知帶領者學習目標。

2 提前完成閱讀
在團體討論前確實讀完和思考過指定閱讀的內容。

3 參與團體事務
積極參與團體事務，並從中學習成長。

4 遵守團體規範
遵守團體規範，並熟悉自己的權利義務。

5 誠實給予回饋
適時表達聚會感想及對團體夥伴的感謝。

6 準時完成作業
學以致用使自己成長，並分享實作感想。

SECTION 02 ／ 參與者的心態準備

參與者的職責除了有「認真參與讀書會」之外，還有「和帶領者共同活出真實和快樂的自己」。因為參與讀書會是人們追求自我成長與提升的方法，而自在的活出真正的自己，就是自我成長中很重要的人生目標。

在了解參與者的任務後，為了完成「認真參與讀書會」及「活出真實和快樂的自己」兩項職責，參與者須分別針對這兩個目標做足相對應的準備，所以參與者的心態準備可以分為兩類：為了能夠認真參與讀書會的心態準備，以及為了活出真實和快樂的心態準備。

COULMN · 001 · 認真參與讀書會的心態準備

接納多元的意見，並坦然面對遇到的困難。

在讀書會中，主動學習獨立思辨的能力。

樂於分享感受及觀點，可增加讀書會吸引力。

開放的心胸：接納多元意見，並面對困難

在參與讀書會的過程中，參與者可能會在討論中聽到各種不同的想法，也可能遇到許多意料之外的突發狀況。因此參與者應該要保持開放的心胸，誠心接納多元的意見，並坦然面對遇到的困難。

積極學習的心態：主動學習獨立思辨的能力

參與讀書會是提升自我的途徑之一，參與者應以積極的心態傾聽他人意見、嘗試發表自己的觀點，並從團體討論中，主動學習獨立思辨的能力。

樂於分享的心態：積極分享感受或觀點

團體討論是讀書會的重頭戲，而討論的深度、精彩程度和其中相異觀點的碰撞，皆和參與者分享的內容緊密相關，因此若參與者能抱持樂於分享的心態參與讀書會，可使讀書會更加吸引人。不管是在讀後感想、對其他參與者感想的回饋，或對整體流程的建議，參與者都應該在團體中大方分享。

COULMN 002 活出真實和快樂的心態準備

隨時覺察自己的情緒，並從中更了解自己。

凡事樂觀面對、懷抱希望，並思考如何應對生活中的變化。

學會專注於當下，再找出此刻能採取的行動。

自我覺察及省思：留意並了解自己的情緒

覺察、辨認及省思自己的感受，是認識自己的過程，也是決定如何面對各種狀況的力量來源。參與者可以觀察自己在參與讀書會過程中的心情起伏，從中理解每個情緒背後，自己實際真正在意的、認為重要的事物是什麼，以及找出自己需要改變的、能夠尋求成長進步的方向。

找尋樂觀及希望：樂觀面對生活中的變化

人生不如意事十常八九，在遭遇不幸及挫折時，雖然不能改變既定的事實，但是可以決定要以何種心態去面對。因此，參與者應該要凡事樂觀面對並懷抱希望，且在生活中遭遇變故時，尋找自己可以從中學習和成長的機會。

專注於當下：專注當下並立刻行動

懊悔過去、擔憂未來、害怕失敗、思念愛人……，人們的腦中常出現各種念頭，使得自己白白浪費心神在雜念上，卻忘記活在當下的重要性。若參與者能夠專注於當下，並且凡事以積極的態度全力以赴，就能活得自在又快樂。

SECTION 03 ／ 參與者的 NG 心態

在參與讀書會的討論時，學習的主動權在參與者手上，帶領者只是引導和從旁協助的角色，因此參與者須避免用以下心態參加讀書會。

COULMN 001 被動者心態

參與者不是被灌輸知識的學生，而是主動的學習者。

參與者並不是被動等待老師灌輸知識的懶惰學生，而是一個主動的學習者，應懂得主動探索自己想要學習的目標、主動傾聽他人發言，和回應其他參與者，並在讀書會裡隨時保持積極主動的態度。

COULMN · 002 · 辯論者心態

若懷著「證明自己是對的」的心態參與討論，只會降低互相理解的意願。

在讀書會討論中，即使參與者間有不同的看法，仍應抱持互相理解各自想法，以及互相激盪出新觀點的心態進行討論，而不該懷著想吵贏或說服對方的想法參與討論，否則容易破壞討論氣氛，使較不擅長辯論的參與者不願意發言，因而流失更多彼此學習的機會。

COULMN · 003 · 依賴者心態

可適時抒發負面情緒，但仍要記得回頭檢視自己，並勇敢面對問題。

擁有團體歸屬感的讀書會，是參與者能夠自在表達自己遇到重大難關的宣洩出口，以尋求夥伴理解及陪伴的地方。

不過參與者須注意，人在心態軟弱時，難免會期盼生命中能出現英雄般的角色來拯救自己脫離苦海。可是參與者必須記得，只有自己先努力及行動，才有解決問題的可能，不要輕易放棄自我拯救的希望及責任。

參與者的NG心態

參與者不是被灌輸知識的學生，而是主動的學習者。

若懷著「證明自己是對的」的心態參與討論，只會降低互相理解的意願。

可適時抒發負面情緒，但仍要自己先勇敢面對問題。

讀書會前的準備

CHAPTER 3

帶領者想要從無到有建立一個讀書會，就須先了解籌組讀書會的基本流程，並仔細規劃。籌組讀書會的基本流程如下：

企劃階段

- 帶領者決定籌辦讀書會
- 確定組讀書會的動機與目的
- 設定目標招生對象
- 尋找資源，並決定聚會地點與時間
- 替讀書會取名，撰寫企劃書

招生階段

- 設計招生海報、報名表
- 宣傳讀書會招生訊息
- 受理報名，並提醒聚會須知

設計流程階段

- 設計第一次讀書會聚會流程
- 設計非首次讀書會聚會流程

ARTICLE 03 01 企劃階段的工作

在讀書會的企劃階段，帶領者須規劃好讀書會的基本雛形，包含確定創辦組織的動機及目的、設定目標招生對象、決定閱讀主題及材料等事項，並撰寫讀書會企劃書。

SECTION 01 ⁄ 確立組成目的

當帶領者興起想組織讀書會的念頭時，必須先釐清自己想成立讀書會的目的是什麼。

- 是為了某個重要大型考試，想聚集一群考生督促彼此？
- 是為了提升社區的讀書風氣，順便聯絡鄰里感情？
- 是為了更深入學習某項專業科目，想號召專業人士共同鑽研？
- 是為了找到志同道合的夥伴，共同討論對書本的疑惑和感思？

在確立讀書會組成的目的後，帶領者才能再更進一步規劃讀書會適合的招生對象、閱讀主題、閱讀材料、團體類型及發展方向等。例如：若是想聯絡社區居民的感情，則帶領者在選擇閱讀主題和材料上，須顧及社區居民的需求，像是可針對老年人口比例較高的社區，設計短文、繪本或電影讀書會等。

SECTION 02 ⁄ 設定招生對象

帶領者在確認讀書會組成的目的後，接著可以思考適合參加自己成立的讀書會的對象。在設定預計的招生對象時，帶領者須考量是否需要設定參與者的資格限制、參與者的招收名額，以及是否需要列出備取名單等問題。

COULMN · 001 · 參與者的資格

一般讀書會不太會設定參加的門檻，但對某些特定讀書會，帶領者可視讀書會的需求，設定資格篩選的條件，或必須遵守的規則，以挑選出適合加入讀書會團體的參與者。

例如：若希望成立研讀專業科目的讀書會，帶領者可以考慮限制報名參加的人須具備該專業科目的基本能力，或通過特定的資格認證考試等。

COULMN · 002 · 參與者的招收名額

帶領者須事先決定共要招收多少人加入讀書會。

若帶領者希望採取所有參與者共同討論的讀書會模式，則通常一場讀書會的招收人數約 8 ～ 15 人為主；若在讀書會進行中出現舊參與者離開、新參與者遞補加入的情形，則建議新人的比例不要超過總參與者的 1/5，以便維持既有的團體默契及團體規範。

參與者的資格

通常不限，但特定讀書會可能會設定資格篩選的條件。

參與者的招收名額

決定總共招收多少個參與者。

SECTION 03 ／ 決定主題及閱讀材料

帶領者在挑選讀書會的主題及閱讀材料時，須考量讀書會成立的目的、參與者的特質，以及聚會總次數的時長等不同因素。

COULMN 001 讀書會目的

帶領者挑選閱讀主題及材料時，須注意材料內容是否與讀書會成立的目的有足夠的關聯。

舉例來說，若讀書會成立的目的是：探討如何協助熟齡女性培養健康的養老態度，且讀書會屬於單一主題讀書會的話，則帶領者須先思考在這個大主題下，可細分出哪些小主題。例如：退休後的理財規劃、空巢期的寂寞心理、健康退化的照護問題等，並根據這些小主題尋找適合的閱讀材料。關於單一主題讀書會的詳細說明，請參考 P.32。

COULMN 002 參與者特質

帶領者須將參與者的閱讀時間列入考量，以決定每次聚會前的閱讀份量。

舉例來說，若讀書會的參與者是以上班族為主，則須考慮參與者或許只能用生活中零碎的時間閱讀，因此不適合在短時間內，要求他們閱讀頁數太多的書籍；若讀書會的參與者是以年長者為主，則不適合字級太小，或排版太擠的閱讀材料，以免造成他們閱讀的負擔。

COULMN 003 聚會總時長

帶領者在安排閱讀主題及材料時，須注意聚會總次數合計的時長，是否足夠讀完預計的指定閱讀材料。

在帶領讀書會時，比起快速帶過多本書，不如只針對一、兩本書仔細剖析討論，才能從聚會中獲得新知與自我成長。

COULMN ·004· 令人有感的主題

帶領者如果能將讀書會主題設定為：貼近時事議題或生活層面，就有機會吸引更多有興趣的參與者，願意花時間投入讀書會的學習和討論。

帶領者選擇閱讀材料時，可以考慮從生活化的主題下手，例如：為了新手父母設定如何教養小孩的主題、為了上班族設定如何有效提升工作效率的主題等。或是可參考時下流行的話題，訂出相關的讀書會主題，例如：在新型冠狀病毒的疫情結束後，舉辦學習調整身心健康的讀書會，以吸引更多人報名參加及投入學習。

COULMN ·005· 能產生主觀感受

一份能打動帶領者的閱讀材料，帶領者才會有動力和參與者分享、討論。

帶領者在選擇閱讀材料時，必須挑選能感動自己的材料，尤其是劇情類、故事類的閱讀材料，例如：小說、繪本或電影等。因為比起無趣的道理，深刻的主觀感受，更有機會讓一個人產生想法上的體悟，或行動上的改變，且帶領者有感受之後，能更容易抓出值得學習的主要概念，也更能與參與者分享。關於主要概念的詳細說明，請參考 P.103。

聚會總時長
挑選能在讀書會結束前讀完的份量。

參與者特質
挑選參與者能讀完的份量。

令人有感的主題
隨時事變化或貼近參與者的生活。

讀書會目的
挑選與目的相關的主題及材料。

能產生主觀感受
挑選能感動自己的材料。

SECTION 04 ／ 決定聚會地點及時間

帶領者決定聚會時間時，須考量聚會的時段、頻率及每次聚會的時長；而在決定聚會地點時，則須考量交通、設備及空間大小等因素。

COULMN ·001· 決定聚會時段

帶領者在決定聚會時段時，須以參與者方便參加的時間為主。

例如：若讀書會的目標客群是上班族，則聚會時段訂在平日下班後或假日較合適。在實務上，帶領者在企劃時可先訂定某個聚會時段，例如：先安排星期日上午聚會，直到首次聚會時，再和參與者討論是否須變更時段。

客群	上班族	家庭主婦 / 夫	學生
特質	平日須上班。	較能自由安排平日時間。	平日須上學。
適合時段	平日晚上或假日。	平日白天。	平日晚上或假日。

COULMN ·002· 決定聚會頻率

帶領者可自訂多久聚會一次，以及每一個會期共聚會幾次。

常見的聚會頻率有一週 1 次或兩週 1 次等。若帶領者決定一個會期是半年，且每個月聚會 2 次，則此場讀書會共有 12 次聚會。若是剛成立的讀書會，建議帶領者每週進行 1 次聚會，讓參與者先養成出席讀書會的習慣，否則帶領者就要在接近聚會的日子時，先提早通知每位參與者記得出席聚會。

COULMN ·003· 決定聚會時長

帶領者可自訂每次聚會的時長是多久。

一般讀書會每次聚會時長約 1.5 至 2 小時，每次建議不超過 2 小時，以免參與者在讀書會中因疲倦，無法集中精神參與活動。至於網路讀書會的建議時長與詳細介紹，請參考 P.205。

COULMN ·004· 決定聚會地點

決定聚會地點時，須考慮交通是否便利、設備是否齊全、使用時間是否有彈性、可容納人數的多寡、是否會干擾到他人，以及租金預算的多寡等因素。

讀書會性質因素：戶外或室內聚會

因不同性質的讀書會的場地需求可能不同，因此帶領者須根據自己讀書會的性質，尋找適合的空間。

例如：若是以大自然為閱讀材料的讀書會，可以選擇室外涼亭作為聚會地點，以製造出相對應的情境；若是偏向靜態討論活動的讀書會，則可考慮挑選咖啡廳、茶館等地點進行聚會。

交通因素：方便抵達

帶領者須注意聚會地點的交通是否便利。

聚會地點建議選擇搭乘大眾交通工具能方便抵達的地點，除了增加便利度外，也可成為吸引他人參與讀書會的誘因。

設備因素：設備齊全且能自由使用

帶領者須注意聚會地點是否有提供讀書會所須的設備。

帶領時可能會使用到黑板（白板）、投影機、投影螢幕等設備，且可能會需要隨時改變椅子的位置，因此帶領者應挑選設備齊全，且桌椅能夠自由移動的空間作為聚會地點。

使用時間因素：能長時間使用空間

帶領者在決定聚會地點前，須注意聚會空間可使用的時段及時長。

聚會開始前和結束後，都需要額外的時間整理場地，因此若要租用聚會空間，則須注意租用空間所能提供的使用時長，是否足夠包含聚會前布置及聚會後復原的時間。

租金因素：盡量尋找免費空間

帶領者可盡量尋找免費，或低租金的空間作為聚會場地。

若聚會空間是花錢租的，則帶領人須評估向參與者收取的會費是否足夠支付租金，且須考量若收費過高，可能會影響招生人數。帶領者也可到圖書館、社區活動中心、社教館或公司內部的會議室等地方，尋找免費的聚會空間，以節省讀書會的開銷。

決定聚會時段

以參與者方便的時間為主。

決定聚會頻率

訂定多久聚會一次。

決定聚會時長

訂定每次聚會時間。

決定聚會地點

須考量交通、租金等因素。

SECTION 05 ╱ 替讀書會取名，撰寫企劃書

為讀書會取一個能表達出讀書會目的且吸引人的名字，除了能讓人快速理解讀書會的舉辦目的外，還有助於吸引參與者報名加入。最後，將所有企劃階段的討論事項寫成企劃書，即可作為宣傳及招生時的參考資料。

SECTION 06 ╱ 實際撰寫企劃書：以熟齡女性議題讀書會為例

熟齡女性讀書會籌組企劃書		
	基本項目	參考答案
名稱及目的	讀書會名稱	熟齡女性議題讀書會。
	成立目的	針對熟齡女性議題，透過互相討論及分享，從多元價值、多元角度的互動過程中，創造出健康活潑的生活態度，並培養出「樂生樂」的思維。
	目的說明	在高齡化社會中，熟齡女性可能面臨個人身體健康狀況下滑，或是停經後的憂鬱情緒，還可能同時要面對退休後生活型態的改變、子女成年離家的寂寞，和日漸邁向死亡的恐懼。 因此帶領者希望能透過成立熟齡女性議題讀書會，一同探討如何協助熟齡女性培養快樂、健康的養老態度。
對象	招生對象	熟齡女性，或對熟齡女性議題有興趣者，預計招收約10～15位參與者。
	招生對象的需求或特色	願意協助自己或周遭熟齡女性朋友，度過豐富而快樂的熟齡生活。

<table>
<tr><th colspan="3">熟齡女性讀書會籌組企劃書</th></tr>
<tr><th></th><th>基本項目</th><th>參考答案</th></tr>
<tr><td rowspan="4">主題及材料</td><td>讀書會主題</td><td>熟齡女性議題。</td></tr>
<tr><td>各次聚會的小主題</td><td>◆ 如何下劃人生句點。
◆ 熟齡時光的情感問題。
◆ 熟齡女性的人際關係。
◆ 面臨空巢期的身心調適。
◆ 如何面對醫療照護問題。
◆ 退休後的財務規劃方法。
◆ 如何活得開心自在及愛自己。</td></tr>
<tr><td>閱讀材料</td><td>與主題相關的繪本，並搭配 OH 卡活動。</td></tr>
<tr><td>閱讀材料的選擇考量</td><td>◆ 關於繪本　繪本具有吸引人觀看的插畫，加上文字簡短卻蘊含哲理，能讓參與者輕鬆閱讀及理解。
◆ 關於 OH 卡　OH 卡沒有固定牌意，且以自我解讀為主，可以協助參與者在意識擴展的同時，打造輕鬆有趣的團體氛圍。</td></tr>
<tr><td rowspan="4">其他</td><td>聚會地點</td><td>○○書店。</td></tr>
<tr><td>聚會時間</td><td>每週的星期三，晚上 7 點到 9 點，一期共 8 次聚會。</td></tr>
<tr><td>帶領者姓名</td><td>○○○。</td></tr>
<tr><td>帶領者聯絡方式</td><td>手機號碼：09xx-xxx-xxx。</td></tr>
</table>

（空白企劃書範例，請參考 P.212。）

ARTICLE 03 02

招生階段的工作

在讀書會招生階段，帶領者須透過設計招生海報、設計招生報名表及各式宣傳方法，替讀書會招募到足額的參與者。

SECTION 01 ／ 設計招生海報

帶領者設計招生海報時須掌握兩個重點：一是提供清楚資訊，二是呈現設計美感。

COULMN ·001· 提供清楚資訊

招生海報的資訊須包含讀書會的名稱、閱讀主題、帶領者姓名、聚會時間、聚會地點、適合對象、參加費用、報名方式等基本資訊。

若帶領者想舉辦招生說明會或招生面試的關卡，則須將說明會的時間、地點及須經過簡單面試等資訊，一併呈現在招生海報中。基本上招生海報的內容越清楚越好，可讓參與者充分了解讀書會，並決定後續要不要加入讀書會。

COULMN ·002· 呈現設計美感

除了提供基本資訊外，帶領者還可以發想吸引人的標題，及注意整體的設計美感，可為招生海報加分外，更藉此使有興趣的人，願意閱讀海報中的細項資訊。

COULMN 003 招生海報資訊範例

OH 卡讀書會招生海報		
招生海報基本資訊		招生資訊
一	讀書會名稱	OH 卡讀心術。
二	閱讀主題	心靈圖卡的神奇之道。
三	帶領者姓名	曹春燕。
四	適合對象	1. 想助人利己者。 2. 想活出快樂自在者。 3. 從事跟人相關工作者。 4. 對牌卡有興趣者。 5. 從事諮詢、教練、教師者。
五	聚會地點	某培訓中心。
六	聚會時間	每週星期五，晚上 7 點半到 9 點半，一期共 8 次聚會。
七	報名方式	報名專線：09xx-xxx-xxx。
八	參加費用	xxx 元。

（空白招生海報資訊範例，請參考 P.213。）

招生海報範例參考

心靈圖卡的神奇之道
Seth
課程時間
2017年
2月17日起
每周五晚上7:30~9:30
新時代賽斯教育基金會高雄分處
電話／
07-5509312
地點／
高雄市左營區明華一路221號4F
賽斯教育基金會一級心靈導師
海峽兩岸OH卡師資訓練導師
中國國家級二級心理諮商師認證
中國天天心網特聘OH視頻講師
與趙玉萍合著多維沙盤一書
帶領人
曹春燕
每一個自己，都是充滿未知的可能；
每一段關係，都代表著人格的不同面向；
每一種情緒，訴說著力量之海；
而每一個理想，都詮釋著與眾不同的期盼。
心靈是一個充滿無限可能的宇宙，
圖卡則揮灑著想像力的寬闊，
這是一個將oh卡結合其他牌卡如內在孩童卡
、克服卡、開悟卡、大天使卡、敘事治療卡
、情緒卡、愛情卡、生涯卡等等牌卡綜合運用，
落實在生活的課程。
課程中你將體驗到
作自己並愛上多次元的自己
生命的豐盈與喜悅
神奇之道無所不在
意識擴展與可能性
威力點在當下的運用
無可救藥的樂觀主義
開啟你內在感官
牌卡與肢體的結合
透過這次成長團體，你會更清楚生活中如親子、伴侶、情緒、愛情、金錢、工作、
夢想潛藏的渴望，知道如何行動更貼近自己要的。

設計報名表

帶領者在設計報名表時，除了要詢問參與者的基本資訊外，也可在報名表中設計一些問答題，藉此了解參與者加入讀書會的動機與期待，以及對相關主題的看法等。若帶領者想要製作網路報名表單，則可使用 google 表單製作。

COULMN 001 Google 表單建立教學

進入 Google 表單的畫面，點選「＋」，以建立新表單。

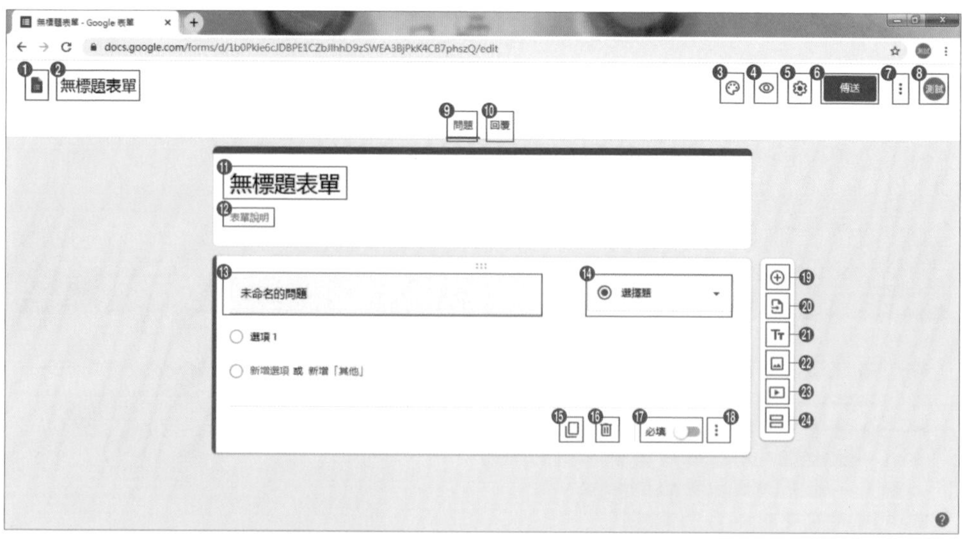

進入新增的 Google 表單頁面，即可開始製作讀書會的網路報名表單。

❶ 點選「 」，會回到步驟 1 的頁面。

❷ 點選「無標題表單」，可將表單命名。

❸ 點選「 」，開啟自訂主題的選單，可在表單上新增圖片、變更背景顏色及表單字體等。

❹ 點選「 」，可預覽表單被填寫者看到的樣子。

❺ 點選「 」，開啟設定表單的視窗，可設定表單是否要收集填答者 Email、是否要顯示填答進度等許多功能。

❻ 點選「傳送」，開啟傳送表單的視窗，可選擇如何傳送表單給他人填寫。

❼ 點選「 」，開啟編輯表單的選單，可新增協作者、加入外掛程式等功能。

❽ 點選使用者頭像，開啟使用者資訊視窗，可登出帳戶。

❾ 點選「問題」，可前往編輯表單的頁面，並製作表單。（註：即為此畫面，是建立新表單後的預設選項。）

❿ 點選「回覆」，可前往觀看表單被填寫結果的頁面。

⓫ 點選「無標題表單」，可變更表單的大標題。

⓬ 點選「表單說明」，可新增表單的說明文字。

⓭ 點選「未命名的問題」，可輸入想提問的問題。

⓮ 點選「 」，開啟題型選單，可選擇適合的題型。

⓯ 點選「 」，可複製已輸入的題目。

⓰ 點選「 」，可刪除題目。

⓱ 點選「必填 」，可將題目設定為必填題目。

⓲ 點選「 」，可設定題目的進階功能，例如：自動判定填寫者所輸入 Email 格式是否正確等。

⓳ 點選「 」，可新增一個題目。

⓴ 點選「 」，可選擇匯入同帳戶中，其他表單內的題目。

㉑ 點選「Tт」，可新增一個大標題及表單說明。

㉒ 點選「 」，可在題目中插入圖片。

㉓ 點選「 」，可在題目中插入影片。

㉔ 點選「 」，可將題目設定區段，讓填答者可根據答案的不同，而在下一題跳至不同的題目進行填答。

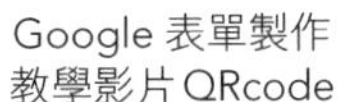

Google 表單製作
教學影片 QRcode

新增 Google
表單頁面 QRcode

SECTION 03 ／ 宣傳讀書會招生訊息

帶領者替自己的讀書會打廣告宣傳，為的就是吸引他人參加讀書會，因此除了製作海報及報名表外，還須針對招生對象擬定適合的宣傳方法。

COULMN 001 社區讀書會的宣傳方法

社區讀書會參與者的主要來源是社區居民，因此可直接找里長幫忙宣傳讀書會，並以實體的宣傳方法為主，例如：里民廣播、發傳單、張貼實體海報及口耳相傳招生訊息等。

帶領者若想在社區內舉辦讀書會，可以選擇在社區布告欄上張貼招生海報、挨家挨戶口頭宣傳，或發送傳單及報名表等方式進行宣傳。帶領者還可以舉辦實體招生說明會，透過事先找有讀書會經驗的夥伴，在說明會現場簡單示範團體討論的模式，讓有興趣報名的人，更了解讀書會的運作方式，以提升社區居民的參加意願。

COULMN 002 非社區讀書會的宣傳方法

若讀書會的招生對象不局限在社區居民，帶領者應增加網路宣傳方式，例如：轉發讀書會招生圖文訊息、網路直播介紹讀書會，及建立線上報名表單等。

若帶領者預期讀書會的參與者是來自各地，而不只是社區居民，帶領者除了可以在自家社區張貼招生海報、在公共場合發送傳單及報名表外，還可以利用網路資源進行宣傳，例如：在社群媒體上分享讀書會資訊、建立線上的報名表單，或在網路上直播介紹讀書會等方式，讓招生訊息盡可能四處傳播。

	社區讀書會	非社區讀書會
宣傳方式相同處	◆ 在社區布告欄張貼招生海報。 ◆ 挨家挨戶口頭宣傳。 ◆ 路邊發送傳單。	
宣傳方式不同處	◆ 找里長幫忙宣傳，例如：里民廣播。 ◆ 舉辦實體說明會，現場示範團體討論。	◆ 在社群媒體上轉發招生訊息。 ◆ 在網路上直播介紹讀書會。

SECTION 04 ／ 受理報名，並提醒聚會須知

一般來說，讀書會的報名方式可分為現場報名和非現場報名。

現場報名

在特定的時間和地點，等待他人來填寫或繳交報名表。

非現場報名

在報名截止日前，以電話、E-mail 或網路表單等方式，完成報名手續的方法。

報名截止後，不論讀書會有沒有順利成立，也不管報名者是否有錄取，帶領者都應該通知對方最終的報名結果，並且提醒成功加入讀書會的參與者，第一次聚會的時間、地點及其他補充事項。

ARTICLE 03 03

設計流程階段的工作

帶領者確認參與者報名完成後，即可開始設計每次聚會的詳細流程，以確保讀書會的成形更加穩固，並使讀書會未來的運作和發展更加順利。

SECTION 01 ／ 設計第一次聚會流程

讀書會第一次聚會的目的是讓參與者彼此認識、聯絡情感，再了解或討論讀書會的宗旨、主題、進行程序與發展方向，並共同訂立團體公約，使之後的讀書會活動能順利運作。

因為第一次的讀書會流程著重在團體共識的建立，所以帶領者可安排充裕的時間讓參與者彼此熟識，並審慎完成讀書會的各項要務規劃，以下為第一次聚會基本流程列表。

第一次聚會的基本流程		
	流程項目	流程內容
聚會前	場地布置	確認設備、準備資料、播放音樂。
	參與者簽到	簽到、發名牌、填寫個人資料表。
聚會中	自我介紹	自我介紹、徵詢資源。 （例如：有參與者可提供場地。）
	暖身活動	玩破冰遊戲。
	讀書會簡介	介紹宗旨、主題與大致運作方式。
	訂定團體規範	共同討論出團體規範。
	分配職務	每個人都有事做，每件事都有人做。
	擬定每次聚會的閱讀計畫	討論每次聚會主題。
	介紹未來聚會流程形式	介紹讀書會基本流程運作。

聚會尾聲	反思回饋	參與者回饋此次聚會感想。
	下次預告	預告下次聚會須知事項。
聚會後	場地復原	打掃環境、物歸原位。

第一次聚會的基本流程設計細節說明如下。

COULMN 001 場地布置

在聚會開始前，帶領者須提早到達聚會地點，進行場地布置。

場地布置包括確認當日要使用的設備可以正常使用，以及準備茶水、名牌和資料表格等，並播放輕柔的音樂，營造令人放鬆的氣氛。

COULMN 002 參與者簽到

帶領者須準備簽到表，讓先抵達的參與者簽到，再給予名牌，並讓參與者填寫個人資料表。個人資料表內容包括姓名、職業、興趣、專長、生日，以及與讀書會主題相關的問題等，例如：參加讀書會的目的，與對讀書會的期許。

填寫個人資料表可以讓早到的參與者不用枯等，同時也可為活動中的自我介紹環節做準備。等參與者到齊並填寫完個人資料表後，帶領者就能將資料表收回，並在資料上註記參與者的形象特徵，幫助自己盡快記住每個參與者的姓名。

COULMN 003 自我介紹

請參與者圍坐成一圈，帶領者先介紹自己，再請參與者以順（逆）時針的順序自我介紹，而帶領者可運用手邊的個人資料表，適時補充介紹每個參與者的特色。

在自我介紹時，帶領者可以一邊和參與者交流，一邊尋找能夠有益於讀書會的資源，例如：可能有參與者願意提供自己家中的客廳，作為免費的聚會場地；可能有參與者擅長曼陀羅繪畫，帶領者就可邀請他在下次聚會時的暖身活動環節，帶領大家一起畫畫等。

COULMN ·004· 暖身活動

第一次聚會時的暖身活動主要以破冰遊戲為主。讓參與者初步認識彼此後，帶領者即可引導參與者進行幾個破冰遊戲，藉此活絡團體氣氛，並打開參與者的心房，以增進對彼此的了解。常見的破冰遊戲有記者訪問、串名字、滾雪球和竹筍竹筍冒出來等。

以下為常見的破冰遊戲玩法介紹：

記者訪問：用互相提問認識彼此

運用 OH 卡的圖像卡做自我介紹。每個參與者從 OH 卡中挑選出一張牌卡代表自己，並請參與者兩人一組，互相描述牌卡和自己的關係，例如：牌卡的哪些部分跟自己雷同？這張牌卡可以代表自己擁有的何種特質？

兩人一組互相用 OH 卡自我介紹後，接著互相訪問對方由帶領者事先準備且跟主題相關的問題。

以上流程結束後，則可不斷重新分組，使不同的參與者夥伴用 OH 卡介紹自己和互相訪問，以促進團體凝聚力，以及彼此的熟悉和信任感。最後，再請所有參與者圍成一個圈，分享自己剛才聽到的各式答案。

常見的訪問題目有：

1. 你參加讀書會的動機為何？
2. 讀書會可以滿足你什麼需求？
3. 你想從讀書會中獲得什麼？為了獲得你想要的，你可以做些什麼？
4. 你希望讀書會帶領者具備什麼特質？

串名字：記住所有參與者的名字

所有參與者圍成一個圈，再由帶領者任意指定一名參與者為第一順位，並指定要以順時針或逆時針進行活動。

第一位參與者必須說：「我是〇〇〇」，第二位參與者必須說：「我是〇〇〇後面的 XXX」，第三位參與者必須說：「我是〇〇〇後面的 XXX 的後面的△△△」，以此類推，直到最後一名參與者說出前面所有參與者的姓名，遊戲即結束。

滾雪球：用點名記得參與者的名字

所有參與者圍成一個圈，再由帶領者任意選擇一位參與者的名字，並開始以下對話：

帶領者：「〇〇〇把餅乾藏在餅乾盒裡。」

這時被點到名字的參與者〇〇〇必須回應：「不是我。」

帶領者：「就是你。」
〇〇〇：「不可能。」
帶領者：「那是誰？」
此時〇〇〇即可再任選一位參與者的名字回答：「是 XXX 把餅乾藏在餅乾盒裡。」

接著由〇〇〇和 XXX 重複以上對話，以此類推，直到所有參與者都被點名過為止，或者帶領者視情況喊停，以結束遊戲。

竹筍竹筍冒出來：搶答彼此的姓名

所有參與者圍成一個圈，帶領者先說出一句：「竹筍竹筍冒出來。」接著讓所有參與者搶答報數，喊出的數字順序是 1、2、3……等，一人只須搶答一次。

搶答時，喊出數字的參與者必須做出雙手先在胸前合十，再往上舉直，呈現雙手合掌舉高的動作，而這個動作是在模擬竹筍冒出土壤的樣子。

若中途有兩位以上的參與者同時喊出相同數字，則喊出相同數字的參與者必須馬上回答出，和自己搶到相同數字的人的名字，只要回答不出對方名字或回答名字答得比較慢的人就算沒搶到，必須繼續加入搶報數的行列。

在這個遊戲中，最後一個喊到號碼的人算輸家，而帶領者可對輸家設定處罰或任務，例如：輸家要原地學青蛙跳五下，或負責在團體討論時，當第一個回答問題的人等。

COULMN ·005· 讀書會簡介

由帶領者向參與者介紹讀書會的宗旨、主題及大致運作方式。

COULMN ·006· 訂定團體規範

由帶領者引導參與者共同討論，並制訂出團體規範。

常見的團體規範包括不可將參與者的隱私洩漏給讀書會以外的人、禁止團體內的商業行為，以及要尊重他人不同的意見等。

讀書會團體規範範例	
〇〇〇讀書會公約	
1	請尊重參與者的隱私，讀書會內所發生的一切，在讀書會外絕對保密，包含家人、朋友及同事等。
2	禁止在讀書會內進行商業行為，包含推銷任何產品或服務，例如：向其他參與者推銷保險。
3	仔細聆聽並尊重每個參與者表達的意見，不可任意嘲笑或批評。
4	表達自己的想法是安全的，並尊重團體內各種不同的想法，因為每個人的發言都能對他人帶來啟發與收穫。
5	多稱讚團體內的夥伴，彼此互相支持，並選擇將我們遇到的事情當作禮物看待，專注於事件帶給我們的收穫、成長。

6	多分享開心感恩的事情，參與者彼此如一家人，讓正能量充滿團體。
7	信任與你一起參與讀書會的夥伴，並打開自己的心胸，嘗試不同的事物和挑戰。
8	準時出席每次的讀書會，若有事不克出席，請提早向帶領者或負責人請假。
9	請盡力完成每次的回家作業，致力練習學以致用，並在聚會中互相分享練習的過程和結果。
10	讀書會中人人平等，帶領者和參與者平起平坐、互為師生，彼此應互相學習。

（空白團體規範表格範例，請參考 P.214。）

COULMN 007 分配職務

帶領者分配職務的基本原則是：「每個人都有事做，每件事都有人做」。

帶領者可以運用讓參與者自我推薦、互相推薦或用直接指派等方式，將團體事務分攤給每個參與者，例如：有人負責擔任活動記錄、有人負責場地打掃、有人負責管理財務等。

分配職務除了可以減輕帶領者的工作量外，還可以凝聚參與者的團體歸屬感。

COULMN 008 擬定每次聚會的閱讀計畫

由帶領者向參與者介紹原本規劃的每次聚會主題，以及選定的閱讀材料。

介紹完畢後，帶領者可詢問參與者的意見或期待，讓參與者共同討論是否要修改原訂的讀書會計畫。

COULMN 009 介紹未來聚會流程形式

由帶領者向參與者介紹原本規劃的每次聚會基本流程安排，使參與者更了解團體運作。

讀書會的基本流程包括場地布置、導讀活動、團體討論、反思回饋、小型活動的設計與穿插等。關於非首次聚會流程的詳細說明，請參考 P.85。

COULMN 010 反思回饋

讓參與者提出疑問或建議，確認參與者已完全了解讀書會的宗旨、團體規範及運作方式。

在反思回饋時，帶領者可邀請參與者表達自己對當天聚會的任何心得或收穫，以作為改善聚會缺點的依據。

COULMN 011 下次預告

介紹下次聚會的主題、書目、相關會務負責人及個人的準備事項。

COULMN 012 場地復原

讀書會結束後，須將環境打掃乾淨，並將場地恢復原狀、設備移回原位。

SECTION 02 ∕ 設計非首次聚會流程

非首次的讀書會聚會著重於對閱讀材料的討論及分享，使參與者能夠更了解每次聚會的閱讀主題，並嘗試應用於生活中，以達到自我成長的目的。

其實讀書會流程沒有一定的模式，須視各讀書會的實際情況進行調整。建議讀書會剛成立時，可以增加導讀的時間，引導參與者學習有效的讀書方法，以及掌握閱讀重點，待參與者針對閱讀材料的討論技巧熟練後，再增加團體討論的時間，以下為非首次聚會的基本流程列表。

非首次聚會的基本流程		
	流程項目	**流程內容**
聚會前	場地布置	確認設備、準備資料、播放音樂。
	參與者簽到	簽到、發名牌。
聚會中	暖身活動	放鬆參與者的身心。
	介紹本次流程及作業回饋	帶領者簡介此次聚會流程，以及參與者回饋上次作業的感想。
	導讀活動	負責人導讀閱讀材料。
	心得交流	參與者間交流閱讀心得。
	相關資料介紹	帶領者介紹相關延伸資料。
	小品分享與輕鬆活動	欣賞相關延伸資料。
	討論時間	開始團體討論。
	做出結論	結束團體討論。
	專業分享	可邀請專業人士演講。
聚會尾聲	反思回饋	參與者回饋此次聚會感想。
	安排作業	宣布此次作業的內容。
	下次預告	預告下次聚會須知事項。
聚會後	場地復原	打掃環境、物歸原位。

非首次聚會的基本流程設計細節說明如下。

COULMN ·001· 場地布置

在聚會開始前，帶領者須提早到達聚會地點，進行場地布置。

場地布置包括確認當日要使用的設備可以正常使用，以及準備茶水、名牌和資料表格等，並播放輕柔的音樂，營造令人放鬆的氣氛。

COULMN ·002· 參與者簽到

準備簽到表讓先抵達的參與者簽到，再給予名牌，以掌握參與者的出缺席狀況。

COULMN ·003· 暖身活動

在參與者大致到齊後，帶領者即可帶領參與者進行暖身活動，藉此使參與者因趕車、趕時間等原因造成煩躁的心情冷靜下來，並活絡團體氣氛，以及打開參與者的心房，而常見的暖身活動有配合音樂帶動跳、引導參與者閉眼冥想等。

配合音樂帶動跳：打開心胸

帶領者播放事先準備的快節奏歌曲，並請參與者跟著自己的動作活動筋骨，以炒熱團體氣氛，並使參與者拋開雜念、打開自己的心胸，且專注投入在讀書會活動的當下。

引導參與者閉眼冥想：放鬆身心

帶領者播放事先準備的冥想音樂，並請參與者閉上眼睛，再用自己的話語引導參與者冥想，使參與者放鬆身體，使身心平靜下來。例如：帶領者可以請參與者想像自己躺在草原上，曬著溫暖的陽光，有微風吹來，帶走了身上的疲累和煩惱……。

在讀書會中，營造良好的聚會氣氛是帶領者的第一要務，寧可多花一點時間熱絡團體氣氛，也不建議在參與者還沒做好心理準備的狀態下，急著開始導讀或討論。

COULMN 004 介紹本次流程及作業回饋

帶領者向參與者介紹此次聚會的主題、閱讀資料及讀書會流程，並可先將流程寫在白板（或黑板）上。

若前一次聚會有未討論完的議題，帶領者可在此時引導大家繼續討論，也可以請參與者分享上一次回家作業實作後的心得感想。

COULMN 005 導讀活動

導讀活動的目標是幫助參與者複習閱讀材料的內容及重點。

帶領者可運用介紹大綱、精華摘要、個人心得分享或向參與者提問等方式，幫助參與者複習本次的閱讀材料內容，同時引導參與者思考閱讀材料中值得討論的主要概念。關於導讀文字類閱讀材料的詳細說明，請參考 P.152。

另外，若是圖像類、影像類或牌卡類等材料，則帶領者可現場直接和參與者一起讀完全部的材料內容，而非僅只摘要重點。關於現場閱讀圖像類（P.157）、影像類（P.164）或牌卡類（P.170）閱讀材料的詳細說明可參考後面章節，會有詳細說明。

COULMN 006 心得交流

帶領者引導參與者彼此簡單交流閱讀心得。

參與者分享閱讀感想時，帶領者可趁機了解參與者們對此次閱讀材料感興趣的討論重點是哪些，以作為團體討論時的議題參考方向。

COULMN 007 相關資料介紹

帶領者引導參與者互相分享與主題相關的書目及資料，也可以分享自己事前準備的相關資料，以提供參與者參考。

介紹與主題相關的延伸資料，不僅能使參與者更了解閱讀材料，且有利於對相關主題有興趣者，進一步的延伸學習。

COULMN 008 小品分享與輕鬆活動

帶領者可分享與主題有關的小品，或帶領一些輕鬆小型活動。

例如：觀賞短片或閱讀短文等，再配合參與者的回饋，達到促進情感交流的目的，以幫助參與者投入團體討論。

COULMN 009 討論時間

帶領者根據討論提問設計和帶領討論的技巧，引導參與者針對本次閱讀材料進行深入討論，且在過程中可抓出參與者想提出的疑問，或想要探討的相關議題進行討論。

關於討論提問設計（P.104）和帶領討論的技巧（P.110）的詳細說明可參考後面章節，會有詳細說明。

COULMN 010 做出結論

帶領者須掌控討論時間，並總結團體討論。

帶領者將各參與者提出的討論要點做出精簡的結論，可幫助參與者快速回顧先前討論過的重點。

COULMN 011 專業分享

帶領者可邀請專業人士講解與本次主題相關的知識，以開拓參與者的學習空間。

若參與者對特定專業主題興致高昂，則帶領者可於未來設計特定的主題討論，或開辦相關主題的學習課程。

COULMN 012 反思回饋

帶領者邀請參與者反思，並交流此次聚會的收穫。

帶領者須讓參與者一一分享自己對於此次讀書會的心得和建議，以作為改善聚會的參考依據。另外，帶領者可在此時拿自我檢視表給參與者填寫。關於參與者自我檢視表的詳細說明，請參考 P.146。

COULMN 013 安排作業

帶領者可根據此次聚會主題，及在團體討論中產生的新概念，來訂定合適的回家作業，以幫助參與者學以致用。

另外，可以利用社群媒體設立讀書會的社團或群組，讓參與者可以在練習作業時，遇到疑問就可立刻提問，也可以讓參與者在社團或群組中，隨時分享自己練習作業後的感想。

COULMN 014 下次預告

介紹下次聚會的主題、書目、相關會務負責人及個人的準備事項。

COULMN 015 場地復原

讀書會結束後，須將環境打掃乾淨，並將場地恢復原狀、設備移回原位。

COULMN 016 第一次聚會與非首次聚會的流程比較表

<table>
<tr><th></th><th>流程項目</th><th>第一次聚會</th><th>非首次聚會</th></tr>
<tr><td rowspan="2">聚會前</td><td>場地布置</td><td>V</td><td>V</td></tr>
<tr><td>參與者簽到</td><td>V</td><td>V</td></tr>
<tr><td rowspan="14">聚會中</td><td>自我介紹</td><td>V</td><td>X
除非有新參與者加入，否則無須進行自我介紹。</td></tr>
<tr><td>暖身活動</td><td>V</td><td>V</td></tr>
<tr><td>讀書會簡介</td><td>V</td><td rowspan="4">X
除非有新參與者加入，否則無須進行討論團體規範或重新分配職務等流程。</td></tr>
<tr><td>訂定團體規範</td><td>V</td></tr>
<tr><td>分配職務</td><td>V</td></tr>
<tr><td>擬定每次聚會的閱讀計畫</td><td>V</td></tr>
<tr><td>介紹本次流程及作業回饋</td><td rowspan="8">X
第一次聚會重點在於建立參與者的團體意識，及讀書會的要務規劃，因此不建議安排導讀或討論等流程。</td><td>V</td></tr>
<tr><td>導讀活動</td><td>V</td></tr>
<tr><td>心得交流</td><td>V</td></tr>
<tr><td>相關資料介紹</td><td>V</td></tr>
<tr><td>小品分享與輕鬆活動</td><td>V</td></tr>
<tr><td>討論時間</td><td>V</td></tr>
<tr><td>做出結論</td><td>V</td></tr>
<tr><td>專業分享</td><td>V</td></tr>
</table>

聚會尾聲	反思回饋	V	V
	安排作業	X 第一次聚會還沒正式閱讀和討論，因此不會有作業。	V
	下次預告	V	V
聚會後	場地復原	V	V

帶領者在設計讀書會流程時，須注意掌握每次活動的時間，且不須每次聚會都將上述項目全部納入流程安排，應根據實際需求來篩選適合自己讀書會的流程項目，例如：無須每場聚會都邀請專家來演講。

另外，帶領者在安排活動流程時，須考慮參與者的體力及專注力。記得在聚會中預留如廁、休息的時間，且「小品分享」與「專業分享」應分別安排於討論時間的前後，以緩和討論時的緊張與疲累，更可在輕鬆愉快的分享中，達到情感交流與多元學習的效益。若將兩項活動都安排在討論前，則參與者難以馬上進入主題，團體氣氛容易顯得鬆散；反之，若皆安排在討論後，那麼活動進行會顯得頭重腳輕。

若帶領者希望使讀書會的生命力源源不絕，就必須隨時在聚會中加入新的創意，使參與者隨時有驚喜與期待。若能開發創新的活動設計，則可使參與者持續保有新鮮感，並降低對固定讀書會流程彈性疲乏的程度。

讀書會活動流程設計表範例

讀書會活動流程設計表，第 2 次聚會，流程設計者：OOO				
流程項目	活動內容	活動時長	使用教材 / 設備	備註
場地布置	整理環境、放音樂。	視情況而定	打掃用具、筆電、喇叭	
參與者簽到	參與者簽名、領取資料。	5 分鐘	麥克風、桌子、筆	
暖身活動	跟著音樂帶動跳，放鬆身心。	10 分鐘	麥克風、筆電、喇叭	
介紹本次流程	簡介此次聚會流程。	5 分鐘	麥克風	
導讀	簡介閱讀材料內容。	10 分鐘	麥克風、筆電、投影機、投影螢幕	
小品分享與輕鬆活動	介紹有趣的小品文。	5 分鐘	麥克風	
討論時間	團體討論。	50 分鐘	麥克風	
做出結論	為團體討論收尾。	5 分鐘	麥克風	
中場休息	休息、如廁。	5 分鐘	無	
反思回饋	參與者回饋此次收穫。	20 分鐘	麥克風	
安排作業	公布回家作業。	5 分鐘	麥克風	
下次預告	介紹下次聚會須知。	5 分鐘	麥克風	
場地復原	打掃環境。	視情況而定	打掃用具	

（以上時長安排與使用器材並沒有標準答案，帶領者可依自身需求調整；空白讀書會活動流程設計表格範例，請參考 P.215。）

帶領討論

CHAPTER

帶領討論前的準備

熟讀材料、挑選主要概念及設計討論提問。

帶領討論的技巧

適時運用聚焦對話的技巧，並即時處理突發狀況。

團體討論是讀書會中最重要的環節，一個讀書會的成敗有很大一部分，是取決於帶領者帶領討論的能力和表現。為了能使參與者在討論過程中，獲得啟發且盡情參與其中，帶領者必須事先做好帶領討論的準備，並學習有效帶領討論的方法。

ARTICLE 04 01

帶領討論前的準備

在帶領討論前，帶領者必須先熟讀閱讀材料、挑選出值得討論的重點，並設計出適合的討論題目。

SECTION 01 ／ 熟讀材料

帶領者在設計適合參與者討論的問題前，第一個步驟就是將指定閱讀材料讀熟，並掌握材料的大綱，以便從中擷取重點，作為設計問題的依據。至於熟讀材料的方法，則會依據材料的類型不同而有所差異，但不同方法間仍有共同點，就是須客觀理解材料要傳達的意思，並捕捉自己閱讀時產生的主觀感受。

COULMN ·001· 文字類材料熟讀方法

關於文字類材料的詳細說明，請參考 P.14。

撰寫大綱

用自己的話，整理出閱讀材料的重點大綱。

細讀內容

逐字逐句閱讀內容，仔細理解其中蘊含的意義。

記錄閱讀感想

閱讀時，用筆寫下自己當下的閱讀心得。

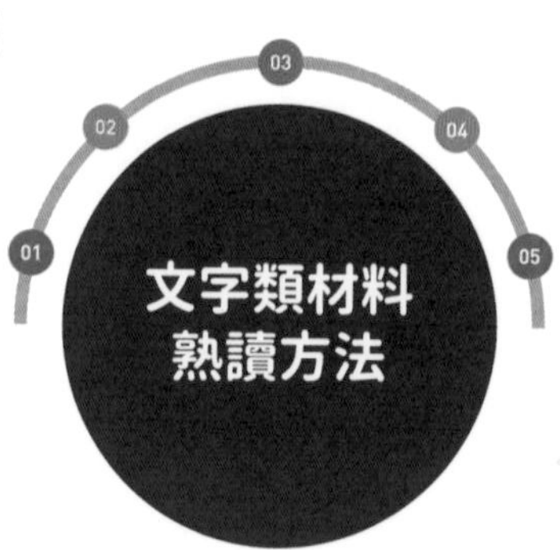

掌握架構

透過目錄或段落標題，找出閱讀材料的邏輯架構。

查詢相關資訊

查找相關資料，以對閱讀材料有更深刻的認識。

掌握架構：了解作者的思考邏輯

帶領者大致瀏覽過目錄或段落標題，以找出閱讀材料的整體邏輯架構。

例如：觀察目錄中前後章節名稱的關聯，或瀏覽文章中不同層級的標題，以掌握作者想探討的主題及重點。

細讀內容：完整理解作者的想法

帶領者須逐字逐句閱讀內容，以仔細理解文章蘊含的意義。

在閱讀時，可將讀不太懂的字句圈起來，若經過多次反覆閱讀仍無法理解，即須另外花時間查詢資料，或向他人請教自己看不懂的地方，例如：某些領域的專有名詞，或作者獨創的詞彙等。

撰寫大綱：抓出閱讀材料的重點

帶領者須用自己的話統整閱讀材料的重點大綱。

在閱讀的過程中，帶領者除了可以圈出讀不懂的地方外，還可劃記每個段落的重點字句，並整理出閱讀材料的重點大綱，以確認自己有抓到整篇材料的精華。

撰寫大綱筆記有兩種常見方法，分別是：

❶ 階層法：筆記模樣為：A ⌈B / C / D⌋，主要可分階層列舉文章的重點。

❷ 順序法：筆記模樣為：A → B → C → D，主要可按照文章介紹的順序，或內容的因果關係列出重點。

記錄閱讀感想：反思閱讀材料的意義

帶領者須寫下自己閱讀材料後的心得感思。

在閱讀文字類材料時，可以用筆將自己當下的閱讀心得，寫在書頁的空白處，或寫在另外自備的筆記本上，作為設定主要概念的參考依據。關於確認主要概念的詳細說明，請參考 P.103。

查詢相關資訊：更了解討論主題

針對閱讀材料及討論主題進一步查找相關資料。

帶領者除了要徹底理解指定的閱讀材料外，還須另外查找相關資料，包括作者生平、寫作動機、作品創作的時代背景，以及探討相關主題等其他材料，以對閱讀材料有更深刻的認識，同時也能當作向參與者簡介作品時的補充資料。

COULMN ·002· 圖像類材料熟讀方法

關於圖像類材料的詳細說明，請參考 P.15。

欣賞圖像：用圖像感受故事

先觀察圖像元素。

用直覺觀察圖像繪製時使用的媒材、色彩光影的變化，及線條與圖樣創造出的造型等視覺元素，從中感受故事本身的整體性和連貫性，並注意自己欣賞故事時萌發的想法與情緒。

閱讀文字：用文字理解故事

欣賞圖像後，再閱讀文字。

若圖像類材料中有搭配的文字敘述，則帶領者可閱讀文字，以更了解故事內容，並判斷作者是以第幾人稱敘事、如何安排圖文配置，及材料中的用字遣詞等。

朗讀配音：用聲音融入情境

將文字朗讀出聲音。

帶領者閱讀圖像類材料時，須注重圖像與文字營造出的情境氛圍，再為故事中的角色配音，將材料朗讀出聲，使自己更融入故事情境。

撰寫大綱：抓出閱讀材料的重點

用自己的話，寫出閱讀材料的重點大綱。

經過閱讀與配音後，帶領者可撰寫閱讀材料的重點大綱，以確認自己充分理解故事內容，及故事象徵的含義。

記錄感想：反思閱讀材料的意義

寫下自己閱讀後的心得感思。

帶領者可透過閱讀材料反思自己的生活情況，並將閱讀感想以紙筆記錄下來，為挑選主要概念及設計討論提問做準備。關於確認主要概念的詳細說明，請參考 P.103；關於設計討論提問的詳細說明，請參考 P.104。

查詢相關資訊：更了解討論主題

針對閱讀材料，以及討論主題進一步查找相關資料。

帶領者除了要徹底理解指定閱讀外，還須另外查找相關資料，包括作者和繪者的生平、創作初衷、創作的時代背景，以及探討相關主題的其他材料等，以對閱讀材料有更深刻的認識，同時也能當作向參與者簡介作品時的補充資料。

COULMN 003 影像類材料熟讀方法

關於影像類材料的詳細說明，請參考 P.15。

大略欣賞影像

以平常心欣賞影片，並記下觸動自己的部分。

細看影像內容

重複觀看影片，以更熟悉指定材料內容。

抓出主要訊息

客觀歸納出導演主要想傳達的訊息。

記錄閱讀感想

閱讀時，用筆寫下自己的觀影心得。

查詢相關資訊

查找相關資料，以對閱讀材料有更深刻的認識。

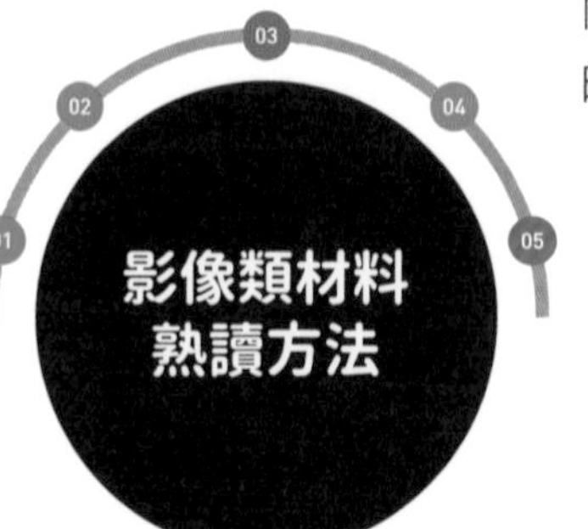

大略欣賞影像：了解材料內容

先大致觀賞影片，了解影像內容是什麼。

帶領者第一次觀影時，可以平常心欣賞整部影片，並用紙筆記下觸動自己的場景、台詞、劇情或其他印象深刻的部分。

細看影像內容：分析材料內容

仔細觀看影片，分析內容的重點及拍攝手法。

重複觀看影片可以更熟悉指定材料內容，因帶領者須記得主要角色的姓名、劇情起承轉合的概要、分析影片中運鏡與剪接技巧背後的含義等，才能對影像內容有更精準的認識。

抓出主要訊息：歸納材料的重點

用自己的話寫出閱讀材料的重點大綱。

經過多次觀看影片後，帶領者須客觀歸納出指定材料中，導演主要想傳達的訊息。不論個人觀影時產生了多少主觀的情感投射，或對自己生活的經驗產生連結，都必須明確區分出哪些部分的觀後感思，是影片本身想傳達的主題？又哪些部分是個人主觀的見解？以免錯過或誤解導演真正想傳達的概念。

記錄感想：反思閱讀材料的意義

寫下自己閱讀後的心得感思。

帶領者透過閱讀材料來反思自己的生活情況，並將閱讀感想以紙筆記錄下來，為挑選主要概念及設計討論提問做準備。關於確認主要概念的詳細說明，請參考 P.103；關於設計討論提問的詳細說明，請參考 P.104。

查詢相關資訊：更了解討論主題

針對閱讀材料及討論主題，進一步查找相關資料。

帶領者除了要徹底理解指定閱讀外，還須另外查找相關資料，包括影片的產製年代、導演的創作風格、關懷相似主題的其他影片資料，以及探討相關主題的其他材料等，以對閱讀材料有更深刻的認識，同時也能當做向參與者簡介作品時的補充資料。

熟讀電影的詳細步驟

STEP 1 帶領者第一次先大略看過電影，並思考自己有何感觸。

STEP 2 第二次觀看電影，並記下主角及相關人物的名字，以及令自己印象深刻的對話。

STEP 3 第三次觀看電影，藉由配樂及場景，思考電影內容，例如：此影片想表達什麼？主要探討的議題為何？我有什麼新發現或新學習到的事物？

STEP 4 思考自己想透過此電影，讓參與者留意什麼主題，也就是抓出延伸概念及主要概念。關於延伸概念及主要概念的詳細說明，請參考 P.103。

STEP 5 決定主題，開始設計討論提問。關於設計討論提問的詳細說明，請參考 P.104。

設計問題時，須注意以下幾點：

- 與本次主題及主要訊息相扣。
- 與本次討論目標一致。
- 與參與者的生活背景結合。
- 與社會關注議題融合。
- 與未來應用行動結合。

STEP 6 將步驟 1 至 5 的資料寫成討論題綱，並至少再觀看一次電影。
觀看時，須使自己融入劇情，以找出每個角色令人印象深刻的部分，並特別留意電影中，重複出現的角色或事件。

STEP 7 查找相關資料，包括影片的產製年代、導演的創作風格、關懷相似主題的其他影片資料，及探討相關主題的其他材料等，以對閱讀材料有更深刻的認識。

COULMN 004 牌卡類材料熟讀方法

關於牌卡類材料的詳細說明，請參考 P.15。

認識牌卡特性

充分認識牌卡具有的特性，包含圖文構成及其功能等。

熟悉牌卡的使用方法

熟悉牌卡的各種玩法，並規劃適合讀書會主題的活動。

認識牌卡特性：充分理解材料

帶領者先充分了解牌卡設計的初衷及功能。

牌卡基本可分成文字卡、圖像卡及圖文兼具的牌卡，且不同牌卡有不同的功能，有些牌卡偏向占卜性質，有些則是作為個人潛意識投射的媒介。若帶領者要以牌卡作為指定閱讀材料，則須先充分認識自己手上的牌卡具有什麼樣的特性，以及如何操作和運用牌卡。

熟悉牌卡使用方法：確認想探討的主題及討論方式

帶領者熟悉牌卡的使用方法後，才能將牌卡活動適當的運用在讀書會中。

不僅不同類型的牌卡有不同的使用方法，有時一種牌卡就可變換出多種應用玩法，因此帶領者須先了解自己手中的牌卡，究竟有哪些使用方式，接著再依據可使用的方式，以及讀書會該次要探討的主題，設計出適合讀書會的牌卡活動。

COULMN 005 其他類材料熟讀方法

關於其他類材料的詳細說明，請參考 P.15。

客觀了解材料：完整理解內容

先認真閱讀及欣賞材料，以了解材料的內容。

不論是以大自然、音樂、戲劇表演、新聞時事、藝術展覽，或其他方式作為閱讀材料，帶領者皆須反覆閱讀多次，以客觀了解材料要傳達的本意。

撰寫大綱：抓出閱讀材料的重點

用自己的話寫出閱讀材料的重點大綱。

帶領者在熟讀指定材料後，可將材料中的重點撰寫成大綱筆記，以確認自己有抓到閱讀材料的重點精華。

記錄感想：反思閱讀材料的意義

寫下自己閱讀後的心得感思。

帶領者在閱讀其他類指定材料過程中，除了須客觀摘要重點外，也須記錄下自己主觀的感動與思緒，從中反思自己的生活現況，並為挑選主要概念及設計討論提問做準備。關於挑選主要概念的詳細說明，請參考 P.103；關於設計討論提問的詳細說明，請參考 P.104。

查詢相關資訊：更了解討論主題

針對閱讀材料及討論主題進一步查找相關資料。

帶領者除了要徹底理解指定閱讀材料外，還須另外查找相關資料，例如：大自然風景的知識、參展藝術家的創作理念、時事議題不同面向的報導，以及探討相關主題的其他材料等，以對閱讀材料有更深刻的認識，同時也能作為向參與者簡介作品時的補充資料。

SECTION 02 / 確認主要概念

在介紹確認主要概念前，必須先了解什麼是「主要概念」和「延伸概念」。

COULMN 001 主要概念

主要概念是閱讀材料的核心重點，如同一棵樹的主幹。通常帶領者可用簡單一句話來表達閱讀材料主要談論的重點是什麼，這個重點就是主要概念。

COULMN 002 延伸概念

延伸概念是依據主要概念演變出來的，多個值得學習的概念，如同一棵樹的樹枝。

即使是相同的閱讀材料，帶領者依然可以根據不同參與者，而設定出不同的延伸概念，因為對不同參與者而言，在閱讀材料中值得學習的面向，或可聚焦的事物可能是不同的。

SECTION 03 ／ 設計討論提問

在確認主要概念後，可在主要概念的基礎上設計討論提問。而帶領者設計提問時，可參考以下兩種方法來設計討論題綱。

COULMN 001 討論提問法

第一層次：內容大意提問

第一層次的內容大意提問就是類似「我從閱讀材料中看到什麼？」的問題，這類型的問題，基本上都是讀過閱讀材料就能回答的簡單問題。

例如：「看到這個書名，你會聯想到什麼？」、「故事中一共出現了哪些角色？」、「作者舉出了什麼例子？」等。

帶領者通常會在團體討論的開頭拋出內容大意提問，目的就是鼓勵參與者發言，還可以趁機幫助參與者複習閱讀材料的內容。

第二層次：個人觀點提問

第二層次的個人觀點提問就是類似「閱讀材料後，感受如何？我覺得如何？」的問題。

帶領者可詢問參與者讀過指定材料後，產生的主觀意見和對材料的理解，包括參與者閱讀後的感受、印象特別深刻之處、閱讀時聯想到的人事物，以及對材料中提及的概念或隱喻的理解程度等。

例如：「整篇文章讀完後，你有什麼感覺？」、「你印象最深刻的是哪個部分？」、「故事中的這個角色會讓你聯想到身邊的誰嗎？」、「你認為書中的『神祕寶藏』指的是什麼？」等。

帶領者須透過提問來確認參與者，是否了解閱讀材料中的抽象概念，這是在團體討論中不可遺漏的步驟。因為即使是相同的詞彙，大家可能會有不同的解讀及認知，所以在討論同不同意某個概念之前，必須先確認參與者間是否說的是同一件事。另外，藉由讓參與者分享自己的讀後感受和想法，將有助於活絡團體的討論氣氛。

第三層次：個人經歷提問

第三層次的個人經歷提問就是類似「從閱讀材料中，我聯想到什麼經驗？」的問題。

帶領者可將參與者對指定材料的主觀意見加以延伸、詢問理由，或將個人的想法、經驗與作者的觀點進行比較，找出其中異同之處。

例如：「為什麼你對那段話印象特別深刻？」、「對於作者的觀點，你是支持還是反對？理由是什麼？」、「你有沒有經歷過文中所敘述的類似經驗？當時你的想法是什麼？」等。

當參與者進一步表達個人的想法時，帶領者須適時釐清參與者想表達的意思，或更詳細追問細節，並順勢請其他參與者互相回饋意見，激盪出不同觀點。值得留意的是，各個層次的問題，都是針對當場狀況的需要混搭進行的，帶領者可不必按照固定順序提問，而是要視現場狀況靈活應變。

第四層次：學習啟發提問

第四層次的學習啟發提問就是類似「透過閱讀材料和團體討論，我獲得什麼啟發？」的問題。

帶領者可以運用學習啟發提問來促進參與者反思：「自己獲得了什麼領悟」，以協助參與者深度自我覺察及更認識自己、提升自己；並鼓勵參與者在掌握主要概念後，將自我反思時獲得的體悟，實踐於自己的生活中。

例如：「經過今天的討論，你有什麼收穫？」、「透過討論分享，你對自己有何發現與認識？」、「從剛剛的討論中，你認為閱讀材料背後想傳達的意義是什麼？」及「從這篇故事和剛剛的討論中，有什麼行動是你可以回去嘗試做做看的？」等。

帶領者在團體討論中運用討論提問法，藉此協助參與者思考閱讀材料的深層含意，並將閱讀內容轉化為生活上的改變，以達到活出自己理想中的生活及獲得自我成長的目標。

第一層次：內容大意提問

讀過材料就能回答的簡單問題。

第二層次：個人觀點提問

詢問參與者讀過材料後，產生的主觀意見、對材料的理解及聯想等。

第三層次：個人經歷提問

詢問參與者產生主觀意見的理由，或比較個人與作者觀點的異同。

第四層次：學習啟發提問

詢問參與者實際應用所學的方法，或得到的收穫為何。

COULMN ·002· 閱讀體驗的心理歷程法

指在閱讀故事的當下和閱讀過後，讀者內心所產生的心理活動變化。

閱讀體驗的心理歷程包含關注、共感、詮釋、抒情、理解及實作，一共六個階段。而帶領者在設計討論提問時，則可以分別從這些階段中找到相對應的問題，並與參與者進行討論。

關注階段：專心投入閱讀中

讀者被作品內容吸引，並關心作品所傳遞的訊息，及特定角色在作品中的表現。

- 提問範例：「主角發生了什麼事？」

共感階段：能夠同理書中角色的反應或行動

讀者從作品中，發現與自己過往類似的經驗或感受，而產生心有戚戚焉、對角色感同身受的情感連結。

- 提問範例：「你喜歡故事中的什麼角色？」

詮釋階段：將自己的情感和想法，投射在角色或事件上

讀者運用自己的經驗和知識，去解釋書中人物的想法，並為書中人物提供解決問題的方法，此時讀者已產生潛意識的投射作用。

- 提問範例：「你覺得主角是一個什麼樣的人？」、「如果你是主角，被人批評時，你當下內心的感受如何？」

抒情階段：覺察並分享自己投射在角色上的情緒感受

讀者分享對於書中人物喜怒哀樂的情感後，自然釋放了壓抑的情緒，有如釋重負、宛如被洗淨的感覺。

- 提問範例：「看完這個故事時，你有什麼感覺？」、「當主角站上跳水台時，你的感受如何？」、「看到繪本這一段時，你的情緒有什麼變化？」

理解階段：透過書中人物，找到面對自己問題的方式

讀者從書中主角解決問題的過程中，反思自己正面臨的問題，以及自己面對問題的態度和感受，並發現問題的解決方法。

- 提問範例：「從故事中，你領悟到什麼？」、「如果你是主角，被人譏笑時，你會怎麼做？」

實作階段：將新學到的概念，實踐在生活中

讀者將自己的領悟運用在生活中，產生行為的改變。

- 提問範例：「在現實生活中被人批評時，你會用什麼方法解決？」

SECTION 04 ∕ 帶領討論前準備範例：以書籍《情緒修煉》為例

閱讀材料

書名：《情緒修煉》，ISBN：9789866436536。

討論題綱表格範例

材料名稱：書籍《情緒修煉》。	
主要概念 贏回自己的力量。	延伸概念 1. 負面情緒也是力量來源。 2. 專注在情緒的有利之處。 3. 學習愛與感恩的語言。 4. 愛自己。
內容大意提問	1. 本書主要討論跟什麼有關的問題？ 2. 你最常有的情緒是什麼？ 3. 作者談到那些負面情緒？ 4. 針對負面情緒，作者提出那些突破的方法？
個人觀點提問	1. 想到負面情緒時，你有什麼感受？ 2. 你有負面情緒時，通常會做什麼？ 3. 你對每天的生活抱持什麼樣的心態？ 4. 你認為負面情緒有哪些好處？
生命經驗提問	1. 請敘述過往什麼事件，曾帶給你強烈情緒起伏的經驗？ 2. 請敘述自己將負面情緒轉化為正能量經驗？ 3. 請用愛的語言，描述一件值得感恩的事？
價值觀提問	1. 讀完這本書，你有何心得與啟發？ 2. 負面情緒轉化成力量的關鍵是什麼？
預計安排的回家作業	練習每天說自己的三個優點，持續三個月。

（空白討論題綱表格範例，請參考 P.216。）

ARTICLE 04 02

帶領討論的技巧

帶領團體討論時，若帶領者能巧妙運用以下技巧，就能使整體討論狀況更順暢，以及更聚焦在討論主題上，參與者也能更盡興自在的交流觀點，從中得到滿滿的收穫。

SECTION 01 ／ 提問

在團體討論剛開始時，須由帶領者率先拋出問題讓參與者回答。

帶領者可從事前準備好的討論題綱裡，選擇第一層次內容大意提問開始問起，等待參與者漸漸進入狀態後，再視情況提出第一、二及三層次的問題進行討論。在過程中，帶領者不用按照順序進行前三個層次問題的提問，只要依照現場討論的狀況，提出適合的討論問題即可。

而當參與者充分討論過前三層次的提問後，就能自然的從閱讀材料中領悟出新的價值觀，也就是進到第四層次學習啟發提問的討論，並反思生活中如何實踐當天聚會的學習內容。關於討論提問法的詳細說明，請參考 P.104。

SECTION 02 ／ 傾聽

當參與者在發表自己的想法時，帶領者須專注聆聽對方說話，並迅速抓出發言者想表達的重點。

另外，在傾聽他人意見的過程中，要隨時謹記尊重多元、包容各方意見的胸懷。

SECTION 03 ／ 回應

帶領者以口語或肢體動作來鼓勵、附和、打斷或解答參與者的發言，皆屬於回應的一部分。

帶領者在專注傾聽他人發言時，須適時向發言者以口語或非口語方式傳遞「我正在聽，請你繼續說」的訊息，讓發言者能透過帶領者的回應，感受到帶領者確實有在聽自己說話。

COULMN 001 口語式回應

在參與者發言過程中，以簡單的詞彙回應對方，例如：口頭說出「嗯」、「是」等。

COULMN 002 非口語式回應

在參與者發言過程中，以表情或肢體動作回應對方，例如：微笑、點頭，或看著對方的眼睛等。

SECTION 04 ／ 釐清疑惑

當帶領者發現參與者的發言可能太過籠統，或邏輯有點混亂時，則須協助團體釐清疑惑，以確認發言者想表達的重點是什麼。

釐清疑惑的方法有以下兩種：

COULMN 001 舉例說明

帶領者可以向發言者追問，請對方舉出一個具體的例子，幫助其他參與者能更理解發言者想表達的意思。

COULMN 002 反問確認

帶領者或其他參與者可以先用自己的話敍述一次，自認為發言者想表達的意思，再向發言者確認自己的理解準不準確。

SECTION 05 ／ 拉回正軌

當團體討論中，有參與者的發言已經離題，帶領者須立刻打斷離題者的發言，並將討論方向拉回正軌。

帶領者可以直接詢問離題者：「請問你剛剛說的內容和討論主題的關聯性在哪裡？」或者對團體所有參與者說：「我們的討論似乎偏離主題了，不如我們回來討論〇〇〇吧！」

SECTION 06 ／ 整理意見

帶領者須適時將眾多意見做歸納和比較，以整理出討論的脈絡，並將討論內容聚焦。

在參與者彼此熱烈回應時及發表，為了避免討論內容過於發散、缺乏主軸，帶領者可以偶爾出來整理大家的意見，稍微歸納當下大家意見中的相同處，並比較不同之處；或者在眾多的意見中，先挑選出一兩個較切題的方向，請大家討論，以達到帶領者聚焦重點的功能。

SECTION 07 / 促進思考及發言

帶領者須適時帶領參與者思考及發言。

若在讀書會中遇到較複雜艱深的討論議題，導致參與者不知該如何表達意見時，帶領者可先針對指定閱讀材料進行簡短的解說，以促進參與者發言。

若參與者在討論過程中出現沉默冷場，或大家的發言內容開始在特定處打轉，沒能更進一步延伸討論時，帶領者須出面引導參與者接下來可以討論的方向，或可簡述自己經驗，以帶動整體討論氛圍。

另外，帶領者還須照顧較少發言或還沒發言的參與者，並邀請對方表達自己的觀點，或給予其他參與者意見回饋。

SECTION 08 / 深化討論

當參與者已熱烈討論過幾個前三層次的提問後，帶領者即可將團體討論帶入第四層次提問的討論。

帶領者可藉由參與者的發言改變討論的方向或深度。例如：「某某某剛才的想法背後，其實可以讓我們探討○○○⋯⋯」、「接續某某某所說的話，我們來想想可以如何應用這個概念？」關於討論提問法的詳細說明，請參考P.104。

SECTION 09 / 總結

在團體討論結束前，帶領者須快速回顧討論重點，以及做出簡單的結論。

讀書會團體討論的總結不一定是要取得共識，而是要保有多元的可能性，並讓參與者在多元觀點的碰撞下，更開闊自己的視野及胸襟。而帶領者在團體討論近尾聲時，須提醒參與者把握時間發言，若仍有問題尚未被充分探討，只能將問題留到下次聚會再繼續討論，並請參與者先自行回家思考。

另外，帶領者可在總結團體討論時，請參與者針對此次討論過程進行意見回饋，並宣布「回家作業」的內容。關於回家作業的詳細說明，請參考 P.48。

帶領討論的技巧

1	提問	根據討論題綱中的討論提問法，開啟團體討論。
2	傾聽	專注聆聽參與者發言，保持尊重多元的態度。
3	回應	以口語或非口語方式，讓參與者了解自己正在傾聽。
4	釐清疑惑	遇到參與者表達不清楚時，請參與者以舉例等方式，確認他人能精準理解。
5	拉回正軌	打斷離題者的發言，並將討論方向拉回原本的討論主題。
6	整理重點	歸納參與者間意見的異同，挑選值得討論的重點或方向。
7	促進思考及發言	以簡介議題或邀請參與者發言等方式，促進團體討論的進行。
8	深化討論	引導參與者討論主要概念，以及實際應用等面向。
9	總結	控管討論時間，並處理尚未結束討論的議題。

營造團體狀態

CHAPTER

帶領者在帶領團體討論時，除了要運用討論提問法及基本帶領技巧，來促進參與者間的互動外，還須設法營造能讓參與者能自在討論的團體狀態。若要營造團體狀態，就必須懂得如何觀察及提升團體動力，使讀書會團體的凝聚力更加穩固。

團體狀態及團體動力

團體動力是團體內發生的事及其因果，可表現團體的狀態。

營造團體狀態

覺察團體狀態

包括帶領者自我覺察，及評估團體動力。

提升團體狀態

提升團體動力、處理各式狀況，及長期經營讀書會的技巧。

ARTICLE 05 01 團體狀態及團體動力

讀書會的團體狀態與「團體動力」有密切的關係，團體動力是指參與者間的互動和此互動帶來的影響力，這股影響力包含參與者對自己的感受、參與者彼此間交流的方式、參與者和帶領者對彼此的反應等。換句話說，團體動力就是團體內發生的事、這些事發生的原因，及後續產生的影響。

若參與者間的正向互動越多，例如：互相關懷、鼓勵及扶持，則團體動力就越強，團體狀態也會越緊密相依；相反地，若參與者間的負向互動越多，例如：互相責怪、欺騙或漠不關心，則團體動力就越弱，團體狀態也會越疏離冷淡。

SECTION 01 ／ 影響團體動力的因素

讀書會的團體動力會受到帶領者的帶領方式、讀書會的目標、參與者的特質、團體討論的環境及讀書會的組織型態等不同因素影響而變化，因此帶領者可從這五項因素，來隨時檢視及調整自己的讀書會團體動力是否維持在一定的強度。

參與者的特質

不同背景的參與者，可貢獻不同的能力及觀點。

讀書會的目標

讓參與者了解團體目標，凝聚讀書會歸屬感。

團體討論的環境

空間配置、團體信任感及社會風氣，皆會影響團體動力。

帶領者的帶領方式

帶領者可透過帶領討論的技巧，促進參與者間的互動。

讀書會的組織型態

人數多寡、團體規範及凝聚力強弱，皆會影響團體動力。

COULMN · 001 · 帶領者的帶領方式：促使參與者互動

帶領者可透過引導討論的技巧，促進參與者間的互動。

帶領者的不同帶領技巧及風格，皆可創造出不同的團體樣貌，因此帶領者可透過提升自己帶領討論的技巧，使參與者間產生更多互動，以提升讀書會的團體狀態。關於帶領討論的技巧的詳細說明，請參考 P.110。

COULMN · 002 · 讀書會的目標：凝聚團體向心力

帶領者可透過設定目標，提升團體凝聚力。

不管帶領者籌辦讀書會時訂下了什麼目標，都應該讓參與者明確了解團體的目標為何，藉此吸引參與者在讀書會中，共同投入心力及時間，並凝聚參與者對讀書會的歸屬感。

COULMN · 003 · 參與者的特質：激盪多元觀點的基礎

不同特質的參與者相聚一堂，就有機會能為團體激盪出多樣的觀點，及熱絡的氣氛。

讀書會是由不同成長背景的參與者組成，所以都會有自己的生活經驗、人格特質、價值觀、專長及興趣等，也因此每個參與者都能透過貢獻所長來豐富讀書會團體，並在討論的過程中，多元觀點的激盪也能使聚會過程更加充滿變化與驚喜。

COULMN 004 團體討論的環境：為參與者產生對話做準備

團體討論的環境可分為物理環境、心理環境及社會環境。

物理環境	包含空間大小及座位安排。若聚會空間較大且桌椅能自由移動，會較便於讀書會進行多元的活動；至於讀書會的座位安排，一般採用圍成圓圈的方式，以便全體參與者互相討論及進行互動。
心理環境	帶領者須取得參與者的信任，並營造出使參與者感到安心且自在的團體氛圍，使參與者更積極投入讀書會的討論。關於凝聚信任的詳細說明，請參考 P.44。
社會環境	讀書會在外部的社會風氣，或在內部的團體文化，皆會影響參與者在讀書會中的言行表現。

COULMN 005 讀書會的組織型態：找到適合的團體狀態

讀書會的組織型態，包含團體規模、團體規範及團體凝聚力。

團體規模	讀書會的團體人數越少，參與者間的互動會越頻繁，關係也會越緊密，對帶領者而言也越容易營造團體狀態。
團體規範	讀書會的團體規範通常是經過參與者討論後，產生的共識。團體規範越彈性和簡要，參與者越能自由表達意見及產生新想法，但帶領者也越需要花時間處理參與者間的溝通，以在理解彼此中達到互相尊重。
團體凝聚力	讀書會參與者若是自願加入讀書會，則帶領者越容易凝聚參與者的向心力，也越容易營造理想的團體氛圍。

ARTICLE 05 02

覺察團體狀態

覺察團體狀態是提升團體動力前的必要步驟，帶領者須時常覺察自身狀態帶給團體什麼樣的想法與情緒，並以影響團體動力的因素，客觀檢視讀書會當下的氛圍。

SECTION 01 ／ 帶領者的自我覺察

帶領者的言行會形塑讀書會團體的狀態，而讀書會團體的狀態也會影響所有置身讀書會中的參與者，以及帶領者自身。

對帶領者而言，團體的狀態就像一面可以自我省視的鏡子，若帶領者透過這面鏡子自我覺察，也就能同時覺察團體的狀態。

覺察自己傳遞的訊息

帶領者可以感染參與者熱情或傳達負面情緒。

覺察團體內發生的事件

團體內發生的每件事，都是反映團體狀態的訊息。

COULMN 001 覺察自己傳遞的訊息：用熱情感染整個團體

帶領者任何言行舉止，都會牽動讀書會團體的運作方向，因此帶領者須隨時反思自己的帶領方法是否恰當。

因為帶領者對團體運作具有很大的影響力，例如：帶領者可以引導討論方向、可以開始或中斷活動、可以創造令人安心信任的氛圍，也可以將自己的熱情感染給讀書會中的參與者等。

所以帶領者須時常注意自己傳遞出什麼訊息給團體，若參與者們表現出意興闌珊，或頻頻分心的狀態，則帶領者即須先反省自己是否無意間傳達出負面的訊息，或帶領的節奏是否有問題。

COULMN 002 覺察團體內發生的事件：即時處理各種狀況

讀書會團體內發生的每件事，都是反映團體狀態的訊息，帶領者須敏銳觀察，並正確解讀這些訊息，以做出適當的行動及處理。

例如：若有參與者在聚會過程中出現頻尿、害怕等反應，有可能是因為參與者正在新舊觀念的衝突中掙扎，此時帶領者要給予關心和陪伴，鼓勵參與者接納自己、突破自己，以獲得個人的成長。

SECTION 02 ／ 團體動力的評估

既然已經知道影響團體動力的因素有：帶領者的帶領方式、讀書會的目標、參與者的特質、團體討論的環境及讀書會的組織型態五項，帶領者可從與這些因素相關的面向，來定期檢視讀書會的團體動力強弱，如果帶領者自己發現讀書會有團體動力低落的狀況，則應儘快找出問題成因，以及改善的方法。

對讀書會的認同感

參與者是否認同讀書會的目標、團體規範及帶領者的帶領方式？

主動為讀書會付出

參與者是否樂意為目標努力行動？是否主動關心團體事務？

積極參與聚會

參與者是否完成事前準備或作業？是否準時出席，並投入討論？

與人相處得宜

參與者間的相處是否融洽？是否能以理性討論，取代抱怨批評？

COULMN ·001· 對讀書會的認同感：重視團體的運作

帶領者可詢問或觀察，參與者是否認同讀書會的目標、團體規範及帶領者的帶領方式？當讀書會的團體動力越高時，參與者對讀書會的認同感通常也會越高。

COULMN ·002· 主動為讀書會付出：自願處理相關事務

帶領者可詢問或觀察參與者是否樂意協助讀書會的分工，以及相關事務的推動？是否真的為了達成讀書會的目標，而努力行動？是否會主動在團體中提出建議？當讀書會的團體動力越高時，參與者通常會越主動為讀書會貢獻心力。

COULMN ·003· 積極參與聚會：準時出席並認真參與活動

參與者不會無故缺席聚會，而且會認真投入讀書會的活動和討論。

帶領者可詢問或觀察，參與者是否都有在聚會前，完成應做的事前準備或回家作業？是否有準時出席讀書會？是否積極參與聚會中的活動和討論？當讀書會的團體動力越高時，參與者通常會越積極參與讀書會的聚會。

COULMN ·004· 與人相處得宜：參與者互相建立夥伴情誼

參與者們會互相幫助、彼此扶持及陪伴。

帶領者可詢問，或觀察參與者間的相處是否融洽？當參與者遇到困難時，是否會向帶領者或其他參與者傾訴，並彼此扶持？當讀書會內部意見不一時，參與者間是否能以理性討論，取代抱怨批評？當讀書會的團體動力越高時，參與者間的情感通常越緊密、融洽。

ARTICLE 05 03 提升團體狀態

提升團體狀態的內容，大致可分為團體動力催化技巧、各式情境處理，以及長期經營讀書會的須知。團體動力催化技巧，是帶領者平時可用於調整團體狀態的技巧；各式情境處理，為提供帶領者遇到類似情況時的反應參考；長期經營讀書會須知，則是提供長遠經營讀書會的方針。

SECTION 01 ／ 團體動力催化技巧

❹ 回饋意見
根據觀察到的事實，給予參與者適合的想法回饋。

❸ 立即反應現況
帶領者及時表達出自己當下觀察到的現象。

❺ 調整討論節奏或方向
改變討論節奏或方向，有助於改變團體氛圍。

❷ 自我表露
帶領者可適時分享自己過往的相關經驗。

❻ 整理發言
找出參與者間意見的相同及相異之處。

❶ 暖身活動
引導參與者進行帶動跳、閉眼冥想等活動。

❼ 摘要討論重點
歸納團體討論中的重點及收穫。

團體動力催化技巧

帶領者催化團體動力的基本原則及目的有以下幾項：

- 使參與者盡可能投入讀書會活動的互動中。
- 營造令參與者安心與受到接納的氣氛，使參與者們能互相信任並產生交流。

- 協助參與者表達出自己的負面情緒，例如：焦慮、恐懼或擔心等。
- 鼓勵並支持參與者打開自己的心，進而勇於分享自己的經驗和感思。
- 使參與者不過度依賴帶領者，而是能自發參與讀書會的聚會及分工。

在理解催化團體的目的及原則之後，以下將介紹常見的讀書會團體動力催化技巧。

COULMN 001 暖身活動

在讀書會聚會剛開始時，帶領者須引導參與者進行暖身活動，例如：搭配音樂帶動跳、請參與者閉眼冥想等。關於暖身活動的實際案例說明，請參考 P.177 的範例一。

目的	使參與者排除讀書會以外的雜念，以及調整進入團體互動的心境，為了接下來的聚會流程做暖身。
舉例	帶領者：「來，請大家原地盤腿坐好，閉上眼睛，跟著我吸氣、吐氣，讓腦袋放空，什麼都不要想……。」（可在冥想時播放適合的輕柔音樂，營造靜心的氣氛。）

COULMN 002 自我表露

當參與者正聚焦討論的主題是帶領者自己經歷過的經驗，帶領者可適時簡短分享自己過往的相關經驗。

目的	帶領者自我表露，有助於拉近和參與者間的距離，並建立彼此的信任感。
舉例	帶領者：「關於剛剛各位討論到不太曉得該如何處理自己失戀的情緒，其實我自己也有過類似的經驗，當時我是找了朋友陪我去做〇〇〇這件事，才慢慢從失戀的悲傷中恢復……。」

COULMN 003 立即反應現況

當帶領者覺察到團體內發生了需要改善的狀態，可以及時表達出自己當下觀察到的現象，並邀請參與者共同思考問題。

目的	帶領者即時反應自己的觀察及感受，具有催化團體氛圍的作用，同時幫助參與者檢視團體及自己當下的狀態為何。
舉例	帶領者：「我發現剛才所有人都沉默了一段時間，是發生了什麼事呢？是還在思考嗎？是在等待我給你們答案嗎？我想大家來參加讀書會，一定希望能聽聽別人更多的想法，有人願意率先說說自己的看法嗎？」

COULMN 004 回饋意見

帶領者根據在聚會中觀察到的事實，給予參與者支持、鼓勵，或回饋其他適合的想法。

目的	給予回饋可以幫助參與者自我覺察，而適時給予支持及鼓勵，能使參與者更願意打開心胸與其他人進行討論。
舉例	帶領者：「剛剛〇〇〇的分享以及大家的回饋讓我覺得很感動，聽得出來〇〇〇已經能夠看見自己的才華了，而其他人也展現了我們讀書會友善溫馨的一面……。」

COULMN 005 調整討論節奏或方向

若團體討論的速度太快、討論內容偏離主題，或有參與者受不了團體氣氛時，帶領者可調整討論的步調或方向。

目的	改變討論節奏或方向，有助於改變團體氛圍，或找到新的討論點，可達到提升團體狀態的功能。
舉例	帶領者：「我們花了蠻多時間討論○○○的意見，而 XXX 剛才提出的問題還沒討論完，我們現在回來繼續討論這個問題，有誰願意分享自己的想法嗎？」

COULMN 006 整理發言

當參與者紛紛對某個主題發表自己的意見後，帶領者可出面整理所有被提及的想法，找出不同意見的相同處，以及分辨不同意見之間的差別。

目的	透過連結不同參與者想法的相似之處，不但可以增進參與者間的凝聚力，進而增進團體動力，還可以集結各方的看法，創造不同觀點互相交流的情境。
舉例	帶領者：「雖然○○○和 XXX 的立場不同，但大家有注意到他們至少都不否認這件事對社會帶來了某些正面的影響嗎？至於○○○和 XXX，你們願意再和我們多說一些關於這件事的看法嗎？」

COULMN 007 摘要討論重點

在聚會接近結束時，帶領者可請參與者分享，或自己歸納出這次團體討論中的重點。

目的 將活動內容做整理，除了可使參與者反思自己的學習狀況，以及所受到的啟發外，還讓參與者產生有所收穫、不虛此行的感受，這都有助於團體氛圍的塑造。

舉例 帶領者：「今天的讀書會要準備告一個段落了，請大家說說這次聚會中的討論重點有哪些？你又從中學到了什麼？」

暖身活動	目的	排除雜念，回到當下，聚焦能量，並專注聚會。
	舉例	方法　帶領參與者冥想。
		語句　「請大家跟著我吸氣、吐氣……。」
自我表露	目的	和參與者拉近距離，建立信任。
	舉例	方法　適時簡短分享自己的經驗。
		語句　「關於這個主題，我個故事想和大家分享……。」
立即反應現況	目的	催化團體氛圍，檢視團體當下的狀態。
	舉例	方法　即時反應自己的觀察及感受 。
		語句　「我發現剛才所有人都沉默了一段時間，是發生了什麼事呢？」
回饋意見	目的	幫助參與者自我覺察，或使參與者打開心胸。
	舉例	方法　根據觀察，給予參與者鼓勵。
		語句　「大家的回饋讓我覺得很感動，聽得出來〇〇〇已經能夠看見自己的才華了……。」

<table>
<tr><td rowspan="3">調整討論節奏或方向</td><td>目的</td><td>改變團體氛圍，或找到新的討論重點。</td></tr>
<tr><td rowspan="2">舉例</td><td>方法　調整討論的步調或方向。</td></tr>
<tr><td>語句　「XXX 剛才提出的問題還沒討論完，我們現在回來繼續討論這個問題……。」</td></tr>
<tr><td rowspan="3">整理發言</td><td>目的</td><td>創造不同觀點互相交流的情境。</td></tr>
<tr><td rowspan="2">舉例</td><td>方法　分辨意見的相同處及不同處。</td></tr>
<tr><td>語句　「雖然〇〇〇和 XXX 的立場不同，但大家有注意到他們至少都不否認這件事對社會帶來了某些正面的影響嗎？」</td></tr>
<tr><td rowspan="3">摘要討論重點</td><td>目的</td><td>使參與者反思自己的學習狀況，以及所受到的啟發。</td></tr>
<tr><td rowspan="2">舉例</td><td>方法　請參與者歸納團體討論中的重點。</td></tr>
<tr><td>語句　「請大家說說這次聚會中的討論重點共有哪些？你又從中學到了什麼？」</td></tr>
</table>

SECTION 02 ／ 各式情境處理

在帶領讀書會進行團體討論時，帶領者可能會遇到各式情境，例如：參與者集體沉默、參與者發言離題，或質疑帶領者的言行等。以下將列出帶領讀書會可能遇到的情境，以及建議如何處理的方法，以供參考。

COULMN 001 情境一：全場參與者集體沉默

建議處理方法

帶領者可先說出你觀察到的現象，並嘗試尋問團體沉默的原因，最後再重新出發、開啟新的討論。

參考應對語句

帶領者：「大家的反應好像不是很熱烈，我不知道怎麼往下一步移動？邀請大家幫個忙，共同想想團體內發生了什麼事？要做些什麼才能重新動起來？」

若團體仍無回應，帶領者可宣布先休息一下，等休息結束後，請大家動動肢體或帶個小遊戲，將團體狀態轉至歡樂氛圍，再啟動團體討論。

COULMN ·002· 情境二：有參與者的發言偏離主題

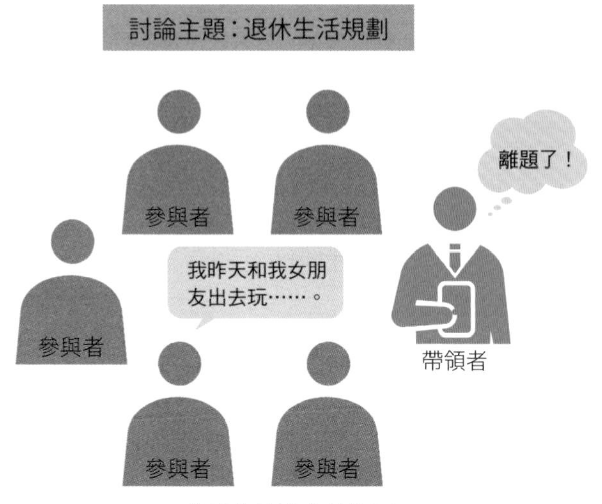

參與者的發言離題了。

建議處理方法

帶領者可選擇直接指出討論內容已離題，或者先短暫開放一段討論離題話題的時間，最後再將討論內容拉回正軌。若讀書會經常出現離題的狀況，則可由參與者輪流當「守門員」，一起幫忙注意是否有離題狀況發生。

但請記住團體內發生的任何狀況，都是在協助帶領者及參與者成長，所以此時帶領者除了反省自己之外，更可將團體內出現離題的狀況，當做另一個主題討論，讓每個人都練習覺察此時此刻的自己。

參考應對語句

帶領者：「剛剛他提到的事，不是我們這次討論的主題，我們今天討論的主題是○○○。」或者說：「各位剛剛的發言非常熱烈，但那並非我們這次要討論的主題，如果各位還有興趣，可以再給各位五分鐘討論，然後就回到今天的主題。」

COULMN 003 情境三：有參與者滔滔不絕，獨佔太多時間

建議處理方法

當帶領者觀察到發言者開始重複類似的話語，或聆聽者開始出現不耐煩的神情時，就要注意是否有參與者獨佔太多時間。此時帶領者須適時打斷發言者，將發表意見的機會還給團體其他參與者。

有人已經滔滔不絕講太久。

如果此狀況一直發生在同一個人身上，帶領者可私下找時間了解這位參與者的情況，並在之後邀請那位參與者坐在自己身旁，以適時透過肢體動作提醒他注意時間。

參考應對語句

帶領者：「不好意思，打斷你一下。剛剛你已經充分表達了你的想法，現在我們先來聽聽其他人的觀點。」或者說：「對不起，能麻煩你簡單說一下，你想表達的重點是什麼？它跟我們今天討論的主題的關聯性是什麼？」

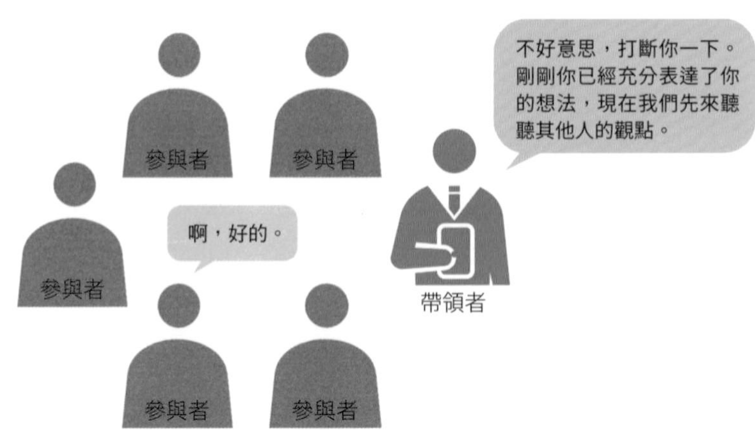

COULMN ·004· 情境四：有參與者的意見表達不夠清楚

有參與者發言的意思不夠清楚。

建議處理方法

帶領者須直接或間接協助他整理想法，如可直接幫發言者說明或請他舉例，也可以邀請其他參與者幫忙說明。

參考應對語句

帶領者：「請問你想說的意思是不是……。」、帶領者：「可以請你舉個例子，或把你的想法做個簡單的結論呢？」或者說：「有沒有其他人願意幫忙說明，你認為他的意思是什麼呢？」

COULMN ·005· 情境五：有兩位參與者爭論不休，其他人難以加入討論

有兩位參與者爭論不休。

建議處理方法

帶領者可先整理雙方論點，再邀請其他人發表意見，或繼續下一個討論問題，避免參與者因爭論落入不理性的情緒之爭中，並同時照顧到其他參與者的討論機會。

參考應對語句

帶領者：「我們剛剛聽到〇〇的想法是⋯⋯，XX 的想法是⋯⋯，現在我們再聽聽其他人的看法。」

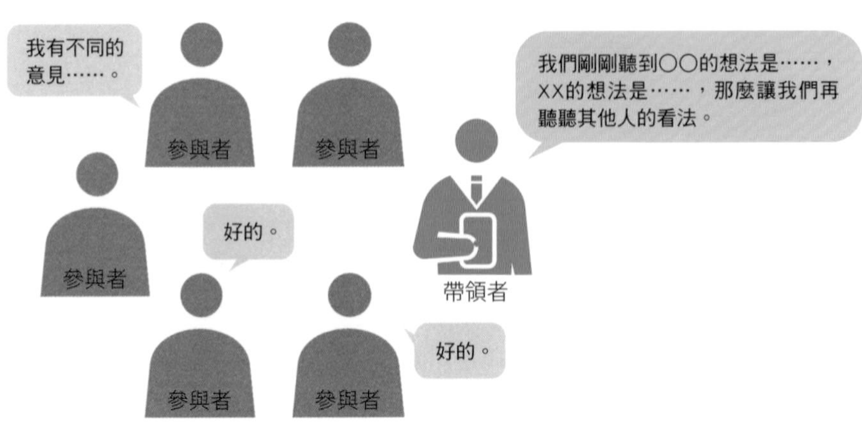

COULMN ·006· 情境六：有參與者出現言語攻擊的行為

有參與者的發言涉及人身攻擊。

建議處理方法

帶領者應立即制止發言者，並於聚會結束後關懷他。

參考應對語句

帶領者：「這種說法涉及人身攻擊，並不合乎我們的團體規範」，並在聚會結束後說：「剛剛你（對出現言語攻擊的人）的說法似乎過於激烈，現在討論已經結束了，想不想談談你剛才的感覺？」

COULMN ·007· 情境七：有參與者在他人發言時，私下聊天或做自己的事

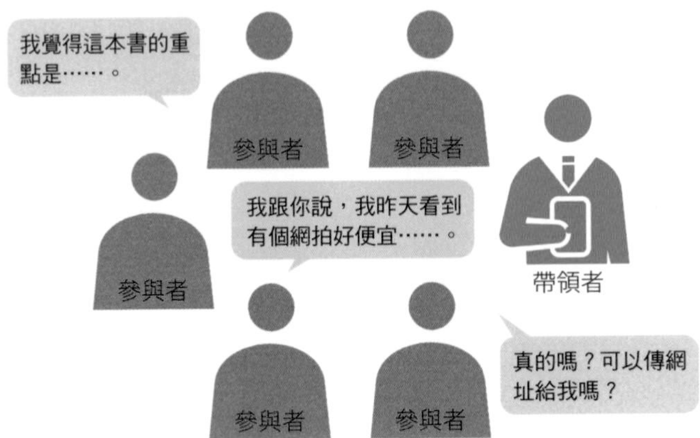

有參與者私底下聊天，不專心聽他人說話。

建議處理方法

帶領者應立即用眼神或肢體動作制止不尊重發言者的行為。

參考應對語句

帶領者：「〇〇你似乎也對這個議題有意見想說？我們先專心聽完 XX 的看法，再讓你發言好嗎？」或者說：「XX 談到某觀點時，你倆好像有些想法，願意分享給大家聽聽嗎？」

COULMN 008 情境八：參與者熱烈拋出許多觀點

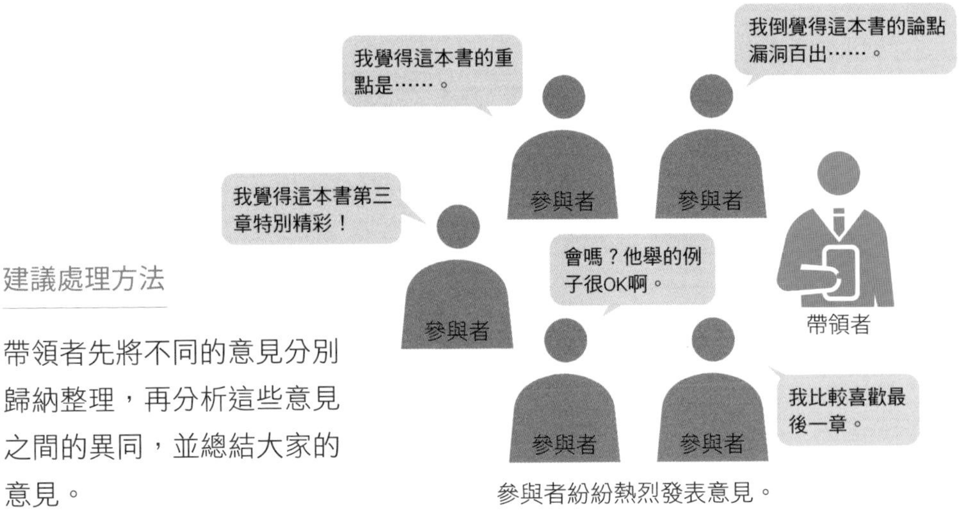

參與者紛紛熱烈發表意見。

建議處理方法

帶領者先將不同的意見分別歸納整理，再分析這些意見之間的異同，並總結大家的意見。

參考應對語句

帶領者：「剛剛的討論很熱烈，聽到很多不同的觀點，現在我們先試著歸納一下，這些意見中有哪些部分是相同的？它們之間的差異是什麼？」

COULMN ·009· 情境九：當帶領者的想法或作法遭受質疑

建議處理方法

若參與者是提出有建設性的質疑，帶領者應接納、理解並感謝參與者提出的建議；但若參與者對是針對帶領者進行言語攻擊，帶領者則要保持客觀理性的態度，嘗試談論自己真實的感受，或者委婉的轉移話題。

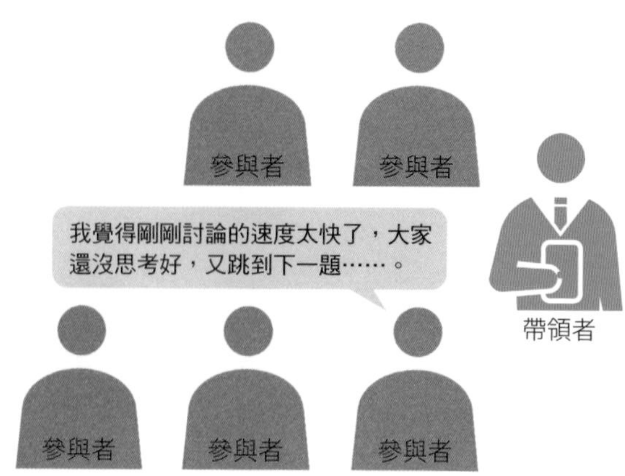

有參與者質疑帶領者的想法。

帶領者千萬不要為了證明自己是對的，而將參與者的質疑變成爭端，因會帶給團體很大的負能量，所以帶領者此刻應深呼吸，將負面情緒放在身體某處，等聚會結束後再處理它。若帶領者在聚會當下，覺察到自己的情緒不穩定，建議可以先暫時休息一下，再慢慢喝點水，讓情緒漸漸回穩。

參考應對語句

帶領者：「謝謝你提出不同的觀點，如果我沒有誤解，你的意思是……，對嗎？謝謝你讓我有不一樣的思考方向。」

COULMN 010 情境十：有參與者對帶領者的發言產生負面反應

有參與者對帶領者的發言反感。

建議處理方法

若帶領者真的不小心說錯話，應先道歉，再邀請參與者討論如何表達可以更好。

參考應對語句

帶領者：「有些話，我說得可能不是那麼周全，也不見得一定正確。如果有說得不好的地方，還請多寬容見諒！」並說：「如果各位有任何想回饋給我的意見，歡迎提出來討論，或者私底下告訴我也可以。」

COULMN · 011 · 情境十一：有參與者因強烈情緒而中斷原本的發言

建議處理方法

帶領者可鼓勵對方繼續說下去。

參考應對語句

帶領者：「沒關係，先深吸口氣，再吐出來，慢慢表達自己的想法是安全的。你可以等心平靜一點再說，或者不想說也是可以的，你是自己主人，我們完全尊重你的選擇。」

COULMN 012 情境十二：有人強烈表達自己的意見，卻沒說明原因

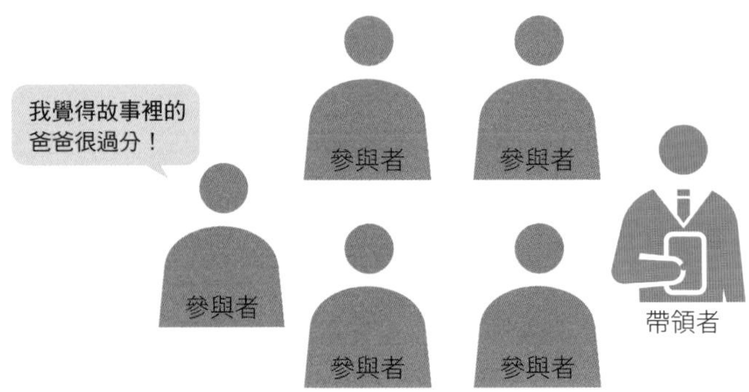

建議處理方法

帶領者可先協助發言者覺察自己的情緒，並試著請他重新說明自己的想法。

參考應對語句

帶領者：「不知道你是否有留意到，你自己似乎對這個意見反應特別強烈，是否讓你聯想到某個經歷？不知道你願不願意分享？你是安全的，如果你願意讓大家更了解你，你可以分享，你也可以選擇抽張牌卡看看後再決定要不要分享。另外，請大家注意保密原則，非經本人同意，就不可在團體外洩漏團體內發生的事，請尊重當事人隱私。」

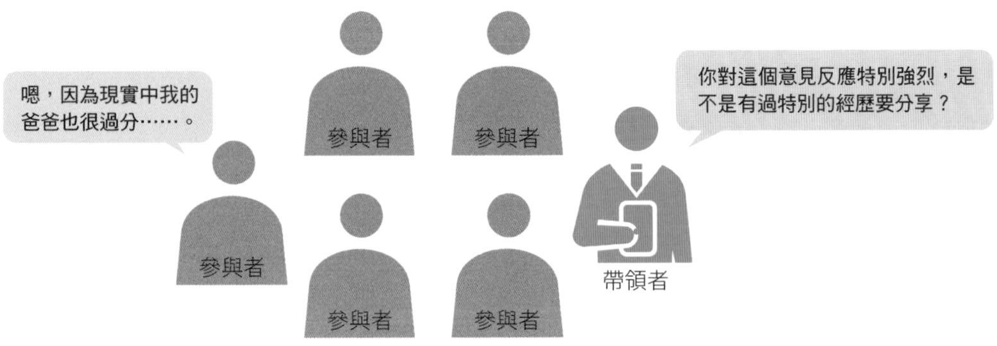

COULMN · 013 · 情境十三：帶領者覺察到自己產生負面情緒

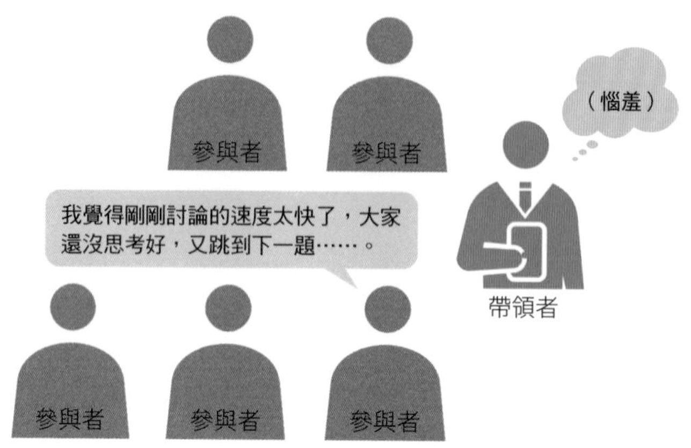

建議處理方法

帶領者在覺察到負面情緒的當下，可先反思自己為何會出現這種情緒，並嘗試接納它。但過程中不可影響到團體討論的進行，且帶領者可於聚會結束時，向參與者分享自己的情緒與處理方法。

參考應對語句

（聚會結束後）帶領者：「我想和大家分享，剛剛在團體討論時，我曾覺察到自己產生了負面的情緒，我發現我是因為自己被勾到一段不願意面對的經歷，後來我是這樣處理的……。」

SECTION 03 ／ 讀書會長期經營須知

讀書會團體形成後，會隨著時間邁入團體發展週期的各個階段，此時帶領者須以完善的經營方針，使舊參與者對讀書會更黏著，並吸引更多新參與者加入，以達到讀書會長期經營的目標。

COULMN 001 讀書會發展週期介紹

帶領者若希望讀書會能順利長期經營，則須注意團體發展的狀態，並根據發展週期的變化，做出適當的調整及因應方法。

讀書會發展週期介紹

蜜月期

讀書會剛成立，所有人既期待又害怕受傷害。

成形期

尚未對團體形成共識，但參與者間已漸漸熟識。

成熟期

參與者間形成共識，但已開始產生怠惰心態。

結束期

讀書會人數稀少，甚至被迫解散、結束經營。

蜜月期：參與者既期待又害怕受傷害

在讀書會成立初期，所有參與者皆充滿熱情和期待，也同時對陌生的團體環境感到害怕。

此時帶領者須先「安定人心」，可先請參與者兩人一組互相自我介紹，再不斷更換分組，讓參與者能和不同夥伴自我介紹及認識彼此，使大家產生情感交流、增加團體凝聚力。接著可藉由參與者的高昂興致，討論團體規範及分配會務工作等事項。

成形期：參與者對團體有初步信任

進入到成形期的團體參與者，雖然尚未對團體的核心宗旨形成共識和認同，但基本上參與者已彼此漸漸熟識，也對團體討論氛圍有初步的好感與信任。

此時帶領者可以和參與者共同討論讀書會的目標，及擬定短、中和長期的讀書會計畫，以培養大家的共識。

成熟期：參與者對團體有歸屬感

在讀書會進入成熟期時，參與者間已相當熟悉且形成共識，不僅能夠平等的對話、尊重包容彼此的異同，還能在參與者有需要時互相鼓勵、扶持。

但此時期的讀書會容易面臨參與者開始產生惰性的問題，可能時常有人缺席聚會，或在團體討論時出現意興闌珊的反應。這時帶領者須調整讀書會的經營方式，例如：藉由安排更多元有趣的活動來提升參與者的興致等，以避免讀書會落入衰退解散的命運。

結束期：讀書會瀕臨解散

若讀書會無法在成熟期成功解決參與者怠惰的問題，就很可能會進入結束期，也就是大部分參與者漸漸流失，以至於讀書會人數稀少，甚至被迫解散、結束經營。

當讀書會已漸漸步入結束期，帶領者須將整個讀書會做大幅度的改變，以挽回讀書會瀕臨解散的命運。

以過去讀書會挽救成功的案例做說明：A 企業讀書會參與者只剩五個人，此時所有人先共同討論是否要持續運作讀書會，並在決議持續運作的狀況下，調整團體經營的方向。他們除了改讀不同閱讀材料及變換聚會環境外，還另請每個參與者每次團體聚會都要至少帶一個新人出席，而數個月過後，這個讀書會團體就重新活過來了。

COULMN 002 長期經營讀書會的技巧

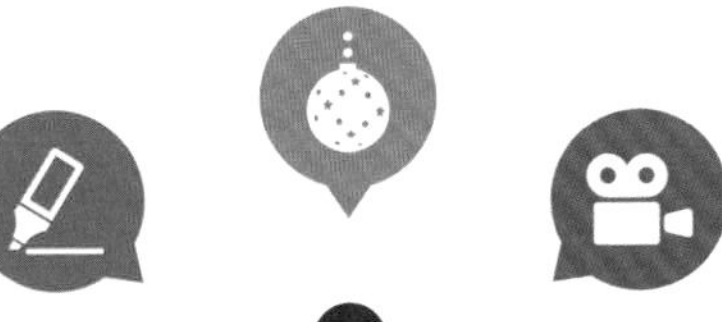

建立健全的會務組織：明確分工且制度化

將讀書會的組織架構制度化，並將團體事務做明確的分工。帶領者可將讀書會更成的組別寫成書面文字，並記載清楚每個組別負責的事務範圍。

例如：團體中的金錢收支管理屬於財務組的工作、規畫團體戶外參觀教學的工作分配給活動組等。接著將這些工作分攤給每一個參與者，使讀書會達到「每個人都有事做，每件事都有人做」的運作狀態。

另外，在規劃或執行團體事項時，最好讓所有參與者都能參與，以確保讀書會的營運能貼合參與者的需求，並使參與者對讀書會產生認同感。

確立讀書會的目標：有明確的目標及行動計畫

帶領者可和參與者討論，以及訂定團體的短、中和長期目標，並規劃實際的行動方案。

若希望參與者長期投入讀書會，最好讓參與者能感受到團體對未來具有明確的目標及行動計畫，這樣就能使參與者更有動力去參與團體的聚會或分工。

進行團體活動的評估：定時核對目標並檢討做法

設定好讀書會的目標後，必須定時核對和檢討目標是否有達成，以及接下來該如何修正經營的方法，才能使讀書會運作得更完善。

對帶領者而言，可運用以下表格自我檢視每場讀書會聚會的表現。關於空白帶領者自我檢視表，請參考 P.217。

- 帶領者自我檢視表範例

<table>
<tr><th colspan="2">帶領者自我檢視表</th></tr>
<tr><td>帶領者：曹○○。</td><td>帶領日期：2019.12.29。</td></tr>
<tr><td colspan="2">閱讀材料：《情緒修練》，ISBN：9789866436536。</td></tr>
<tr><td colspan="2">參與者：王○○、李○○、劉○○、吳○○、蔡○○。</td></tr>
<tr><td colspan="2">❖ 我是否對主要概念掌握得宜？ ☑是 □否
原因 整個團體討論的內容和延伸活動都有緊扣著「贏回自己的力量」的主要概念進行。</td></tr>
</table>

帶領者自我檢視表

❖ **我的提問是否引發參與者興趣的討論？** ☑是 □否

原因 對於負面情緒的討論，活動中運用搭配 OH 卡活動，所有參與者都很盡興交流。

❖ **我是否能帶給團體開心與快樂的氛圍？** ☑是 □否

原因 是，儘管我們討論的主題是負面情緒，但大家都很熱烈的交流彼此如何面對失敗、難過等狀態，即使遇到有參與者一時陷於悲傷回憶而落淚，團隊夥伴也立即展現了互相關懷的溫暖氛圍。

❖ **是否有意外狀況發生？發生時我是否處理得當？** ☑是□否

原因 在團體討論中，蔡〇〇在分享自己某段不好的回憶時因情緒激動而哽咽落淚，使原本的發言因此中斷。

❖ **我當下的處置是：**

先向其他夥伴取得「暫時停下討論並關懷這位參與者」的共識，接著向落淚的參與者表示善意，提醒他讀書會內分享是安全的，他可以自己決定願不願意繼續分享下去。

❖ **我是否滿意這樣的處置：**

是。

❖ **是否有其他或更好的處理方式：**

目前沒有其他想法。

❖ **我是否能帶動大家回到自己身上覺察？** ☑是 □否

原因 是，我運用書中的敘述，設計相關的問題讓參與者在現場進行自我覺察及思考，並安排作業請他們回家練習。

❖ **有任何其他需要檢討改進之處？如何改進？**

有多位參與者反應 OH 卡活動只有一場、不夠盡興。未來考慮可以再開設一場以 OH 卡活動為主的讀書會。

帶領者自我檢視表
❖ 我本次的帶領優點是： 能夠及時妥善處理參與者的情緒。
❖ 參與者給我的回饋是： 不僅學到書中對負面情緒的看法及應用，還學會了 OH 卡的新玩法，對我表示感謝。
❖ 需要自我精進的能力是： 我對自己這場讀書會的帶領很滿意，暫時沒有特別想精進的能力。
❖ 我的自我帶領評鑑滿意度（1~5 顆星，請勾選）： □★　□★★　□★★★　☑★★★★　□★★★★★

對於參與者，帶領者可設計學習單或檢視表，來幫助他們記錄自己的成長狀態，以及對讀書會的回饋意見。關於空白參與者自我檢視表，請參考 P.219。

- 參與者自我檢視表範例

參與者自我檢視表	
參與者：劉○○。	參與日期：2019.12.29。
閱讀材料：《情緒修練》，ISBN：9789866436536。	
帶領者：曹○○。	
❖ 今天我對自己滿意的程度 0 至 10 給幾分？為什麼？ 我的回答　7 分，如果可以更踴躍分享自己的意見會更好。	
❖ 我今天參與的程度 0 至 10 給幾分？為什麼？ 我的回答　6 分，我都比較被動的回答問題，因為我思考比較慢，所以沒辦法像其他夥伴一樣，聽到問題後馬上給出答案。	

參與者自我檢視表

❖ 我覺得今天團體討論開放的氣氛 0 至 10 給幾分？為什麼？

我的回答 10 分，今天的討論氛圍非常熱絡，帶領者的進行節奏也算適中。

❖ 我覺得帶領者的帶領技巧 0 至 10 給幾分？為什麼？

我的回答 9 分，因為我想多玩幾場 OH 卡活動，但時間來不及了。

❖ 我覺得自己對主題的討論深度 0 至 10 給幾分？為什麼？

我的回答 10 分，今天的討論有夥伴掏心掏肺的闡述自己過往經驗，講到眼淚都掉下來了，但大家都很包容他，而且每個人分享的內容都很紮實，就算只有旁聽也可以有很多收穫。

❖ 我對自己快樂正向表現 0 至 10 給幾分？為什麼？

我的回答 6 分，我覺得自己算是蠻容易感傷和悲觀的，所以我要多練習愛自己，以及和自己的情緒相處。

❖ 今天我的收穫 0 至 10 給幾分？為什麼？

我的回答 8 分，我喜歡老師請每個人説出自己三個優點的練習，我覺得這個練習可以增強我的自信，讓我相信自己是很棒的。

❖ 我覺得需要自我精進的能力是？

我的回答 思考能力，因為我時常覺得自己沒什麼特別的意見，有時候也不知道從哪個角度思考帶領者拋出的問題，所以也不知道該怎麼回答。

❖ 你認為參加這個讀書會對你哪方面的收穫最大（請勾選）？為什麼？

☐ 選擇書籍能力	☐ 閱讀方法及能力	☐ 解讀閱讀材料能力
☐ 參與討論能力	☐ 邏輯思考能力	☐ 分析歸納能力
☐ 表達能力	☐ 聆聽能力	☐ 溝通能力
☐ 人際處理能力	☑ 快樂正向思考能力	☐ 其他能力：＿＿＿＿

補充原因 學習到了愛自己的觀念和練習方法。

設計多元的團體活動：增加活動的樂趣

帶領者可依照參與者的需求，設計更多元的聚會活動。

例如：外聘專家演講說書、觀看與閱讀資料相關的電影或展覽等，使參與者更加享受團體活動的樂趣，同時又能收穫良多。

留下讀書會的點滴記錄：凝聚共同的夥伴情誼

以文字或照片等方式，記錄讀書會的運作過程。關於空白讀書會記錄表範例，請參考 P.221。

◆ 讀書會記錄表範例

讀書會記錄表 團體第 2 次記錄		
一	時間	2019 年 12 月 29 日，09 時 00 分～12 時 00 分。
二	地點	○○圖書館活動室。
三	參與者	王○○、李○○、劉○○、吳○○、蔡○○。
四	帶領者	曹○○。
	導讀者	王○○。
	記錄者	李○○。
五	主要概念	贏回自己的力量。

讀書會記錄表 團體第 2 次記錄		
六	延伸活動	OH 卡故事接龍。
七	團體流程	場地布置 ➡ 參與者簽到 ➡ 暖身活動（冥想）➡ 導讀書籍《情緒修煉》 ➡ 團體討論 ➡ 中場休息 ➡ OH 卡活動 ➡ 參與者反思回饋 ➡ 安排作業 ➡ 下次聚會預告 ➡ 場地復原。
八	正能量語句	你是情緒的主人，事件是中性的，你怎麼想、怎麼體驗，以及你專注在哪，你就獲得怎樣的收穫。將負面情緒轉變成資源或能量的關鍵，在於「你」，而不在他人身上。你是創造者，有能力也有力量轉變。
九	突發情況及處理	在團體討論中，蔡〇〇在分享自己某段不好的回憶時，因情緒激動而哽咽落淚，使原本的發言因此中斷。 帶領者曹〇〇則向落淚的參與者表示善意，提醒他在讀書會內分享是安全的，他可以自行決定願不願意繼續分享下去。當時坐在蔡〇〇附近的夥伴則遞給他一包衛生紙，表示關懷之意。
十	參與者收穫	劉〇〇：「我學習到原來可以透過覺察自己的負面情緒獲得愛自己的力量，從今以後我會開始練習和自己的情緒好好相處。」 吳〇〇：「我今天不只學到應該在負面情緒中關注正向健康的元素，還學會新的 OH 卡玩法，很感謝曹〇〇的帶領。」

平時讀書會聚會時，帶領者可請參與者，輪流擔任文字記錄者和活動攝影者，以累積參與者投入讀書會的心得點滴。這些記錄不但能保存每個參與者在團體中的成長過程，還能更加凝聚參與者共同的夥伴情誼。

讀書會結束時，帶領者可請每個參與者，寫下自己印象最深刻的句子，並經過整理後做成記錄，再將記錄發送給大家。

設立家族制度：資深參與者陪伴新手參與者

所謂的「家族制度」指的是將參與者分小組，且確保每個小組內同時有資深和資淺的參與者。

透過家族制度分組，可以讓資深的參與者陪伴、並為資淺的參與者提供必要的協助，藉此使參與者間的感情更加緊密相依。

培養新人才，做好傳承事務：追求永續經營

若期望讀書會能永續運作，帶領者勢必要考慮培養讀書會帶領者，及傳承團體會務的任務。

帶領者可和參與者共同商訂明確的幹部選任辦法，例如：要擔任下一任的新讀書會會長或新帶領者前，必須先在現任帶領者身邊實習一年；或是規定必須條列出每個職位的工作內容，及其管理的資源，並在職務交接時，須逐條交接等。

其他須知及實務範例

CHAPTER

在本書的第三章〈讀書會前的準備〉，介紹過常見的讀書會聚會流程，而在第四章〈帶領討論〉中，也介紹了該如何熟讀不同類型的閱讀材料。

但在不同閱讀材料的讀書會中，還有其他須注意的差異，包括這些閱讀材料各自的特色、在讀書會中的應用細節，以及較適合運用在哪些族群等。

ARTICLE 06 01

不同材料的讀書會須知

以下將以文字書、繪本、電影及 OH 卡為例，分別介紹及比較不同材料的讀書會須知。

SECTION 01 ／ 文字類讀書會須知：以文字書為例

文字書在聚會中的使用時機

通常是在導讀和團體討論中被使用。

文字類讀書會中常見的搭配活動

專業人士演講，或延伸資料推薦。

常見的文字類讀書會前準備內容

包含設計討論題綱等事項，以及各式資料表等物品。

適合文字類讀書會的參與者特質

具備基本文字閱讀能力，及願意事前閱讀。

COULMN 001 文字書在聚會中的使用時機

在聚會過程中，文字類閱讀材料通常是在導讀及團體討論中被使用。

導讀時使用

在導讀的環節裡，書中的內容是帶領者必須幫助參與者重新複習、回顧重點的依據，而常見的導讀方法有：

❶ **原有大綱分享**：帶領者將內容消化後，依內文順序整理成大綱，且在導讀時只提示重點，不會細講內容。

❷ **重整大綱分享**：帶領者將內容消化後，打破作者原本的作品架構，改用新的邏輯架構整理大綱，再向參與者分享重點。

❸ **重點提問法**：帶領者在導讀時，不直接向參與者講述重點，而是以提問的方式，讓參與者思考和回答，以達到複習重點的效果。

團體討論時使用

在帶領團體討論時，帶領者須以書中的內容，作為開啟對話與交流的起點。

帶領者須適時運用討論提問法，或閱讀歷程的六個階段，引導參與者由淺入深的探討讀書會主題。關於設計討論提問的詳細說明，請參考 P.104。

COULMN ·002· 文字類讀書會中常見的搭配活動

在文字類讀書會的聚會流程中，除了主要的團體討論及書籍導讀外，最常搭配的活動舉辦相關主題的專業人士演講或課程，還有延伸資料推薦等項目，以提供想更深入了解閱讀主題的參與者，另一個求知的管道。

COULMN ·003· 常見的文字類讀書會前準備內容

帶領者須事前準備的事項

❶ **熟讀文字類材料**：帶領者須先熟讀材料，以設計討論題綱。關於文字類材料熟讀方法的詳細內容，請參考 P.94。

❷ **設定主要概念及討論問題**：帶領者須事先思考，自己想透過讀書會讓參與者學習的主要概念，並設計討論提問。關於設定主要概念的詳細內容，請參考 P.103；關於設計討論提問的詳細內容，請參考 P.104。

❸ **蒐集補充資料及製作講義**：若要製作補充講義，則須事先製作，並列印檔案。

❹ **寫下預計的活動流程**：帶領者若只靠大腦記憶，而不用紙筆寫下流程，容易遺漏該做的事項或該攜帶的用具。

❺ **事先統計出席人數**：帶領者最晚須在聚會前一天，提醒參與者出席，並趁機統計可出席的人數，再視人數判斷，是否須調整活動內容。

❻ **事先聯絡講者**：若有在讀書會中安排專家演講，帶領者須提前敲定講者的時間，最晚須在聚會前一天提醒講者出席。

帶領者須準備或確認聚會空間能提供的器具

❶ 主要準備項目

項目名稱	補充說明
廁所	事先了解廁所的位置，並在聚會開始前告訴參與者。
飲水機	事先了解聚會空間有無提供飲水機；若沒有飲水機，則帶領者需事先提醒參與者自備飲用水。
打掃用具	場地布置及場地復原時須使用，包括掃把、抹布或衛生紙等。
麥克風	若擔心發言時的音量不夠大，就要準備麥克風給發言者使用。
桌椅或坐墊	事先確認聚會空間是否有提供桌椅或坐墊，並在聚會時將座位圍成圓圈。
簽到表及名牌	帶領者須事前製作，並列印簽到表及參與者的名牌，以供讀書會簽到時使用。
個人資料表	第一次聚會時，帶領者須事前製作及列印個人資料表，以供參與者填寫時使用。
自我檢視表	帶領者須事前製作和列印帶領者及參與者的自我檢視表，以供讀書會反思回饋時使用。關於空白的自我檢視表格式，請參考 P.217 和 P.219。
手錶或計時器	計時用，以提醒帶領者可使用的時間多寡。
筆	原子筆或鉛筆皆可，主要用於填寫簽到表、個人資料表及自我檢視表。
閱讀材料	將聚會當天要討論的材料，以及下次聚會要討論的材料帶到現場，以在導讀或下次預告時使用。

❷ 次要準備項目

項目名稱	補充說明
影音播放設備	播放暖身活動或延伸資料的影音檔案時使用，包括電腦、電視螢幕、投影螢幕、投影機和播音喇叭等。
補充資料或講義	若帶領者有準備補充資料或講義，則須在聚會前製作及列印完成。
學習單	若帶領者有準備學習單，則須在聚會前製作及列印完成。

COULMN ·004· 適合文字類讀書會的參與者特質

若要閱讀文字類材料，參與者必須具備兩項基本的特質：第一是要有基本的識字及閱讀能力；第二是必須安排時間在聚會前閱讀。

具備基本的識字、閱讀能力

文字類閱讀材料是以文字為主，用來傳播資訊的材料，因此參與者必須具備基礎的識字及文章閱讀能力，才有辦法讀懂閱讀材料。所以年紀太小的人或沒受過識字教育的人，並不適合參加文字類讀書會。

而在專業科目讀書會中，參與者不只須具備一般的閱讀能力，更可能須具備特定科目的專業知識，才能理解閱讀材料的內容。

願意花時間提前閱讀

若讀書會要討論文字類材料，參與者須提前讀過材料，才能在聚會上參與團體討論。

不論是什麼類別的文字書，對參與者而言，閱讀時都必須花費一定的時間和腦力去消化書中的內容。

因此，文字類讀書會很難讓參與者在現場閱讀材料後，就馬上進行團體討論，而是需要請參與者在聚會前至少完整讀過一次指定閱讀範圍。所以不願意或很難在聚會前空出時間閱讀文字書的人，參加讀書會後的收穫就會受到影響、學習成效降低。

COULMN ·005· 組成文字類讀書會的詳細流程：以文字書為例

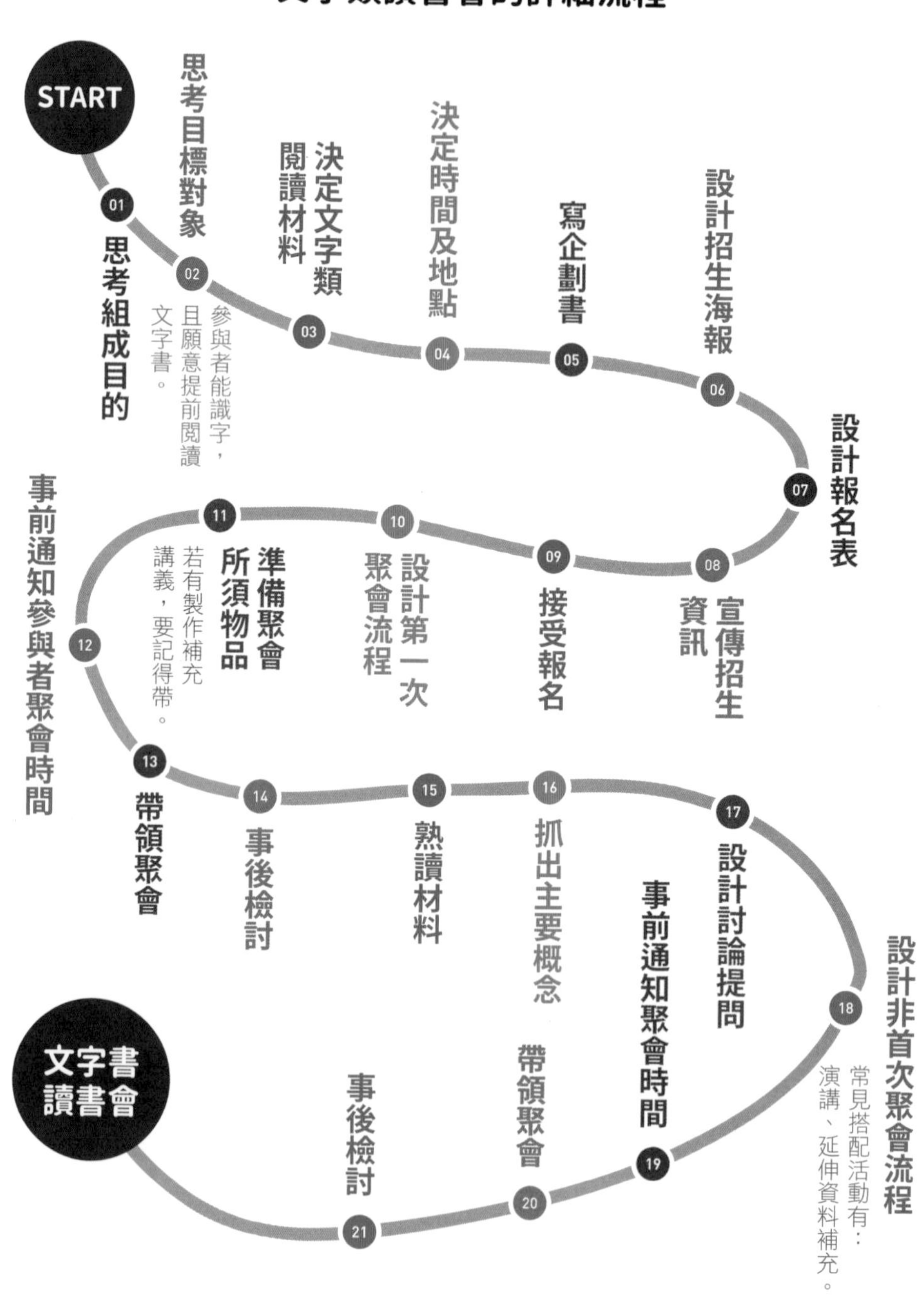

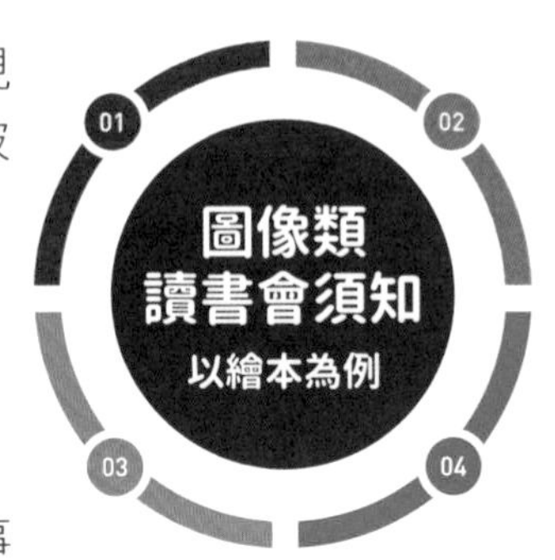

繪本在聚會中的使用時機

通常是在暖身活動、現場閱讀及團體討論中被使用。

繪本讀書會中常見的搭配活動

繪本二次創作、繪畫或手工藝製作等。

常見的繪本讀書會前準備內容

包含設計討論題綱等事項，以及延伸活動的材料等物品。

適合繪本讀書會的參與者特質

不須事前閱讀、不愛看太厚的書，以及需要他人陪伴。

COULMN 001 繪本在聚會中的使用時機

在聚會過程中，繪本通常在暖身活動、現場閱讀及團體討論中被使用。

暖身活動

在帶領繪本讀書會時，除了可以用一般帶動跳及冥想等方式進行暖身活動，也可以挑選遊戲式繪本，作為暖身活動的素材。

例如：以《奇怪的臉》繪本（ISBN：9789865811501）為例，帶領者可以向參與者說：「來來來，來看我。」並請參與者回應：「看什麼？」接著就翻開下一頁，模仿繪本中各式各樣的鬼臉，並不斷重複整個過程，直到繪本的最後一頁。這就是運用繪本，以遊戲互動的方式，使團體的氣氛熱絡，以達到暖身的目的。

現場閱讀

現場閱讀就是陪參與者一起閱讀指定的繪本。

帶領現場閱讀有很多種方法，可以單純拿著一本繪本，把故事講給參與者聽；可以將繪本放在所有人圍出的圓圈中央，讓每個參與者輪流朗讀一頁；可以將書頁掃描成圖檔，並製作成 PPT，方便多人一起欣賞；也可以播放繪本附贈的說書音檔，帶領大家用聆聽的方式閱讀等。

只是帶領者須注意，若想要將繪本整本掃描後，製作成 PPT 或列印成教材提供給參與者觀看，一定要先獲得繪本出版社的授權同意，以免引發侵權問題。

帶領者除了可以在閱讀故事的方式上做出變化，也可以決定閱讀圖文的先後順序。帶領者可以選擇先看一次圖再讀字，或先讀一次字再看圖，或者以邊讀字邊看圖的方式，讀完繪本。

另須注意的是，繪本讀書會有時不是一次聚會只讀一本繪本，而是針對一個設定好的主題，同時閱讀兩本以上的相關繪本。例如：以探討熟齡時光的情感問題為主題，先閱讀《蝌蚪的諾言》（ISBN：9789862941324），讓參與者回憶及討論結婚前欣賞另一半的哪些優點，再藉由閱讀《鱷魚和長頸鹿：搬過來搬過去》（ISBN：9789867295316）來討論在價值觀產生差異時，雙方該如何相處等。

團體討論

在帶領團體討論時，帶領者須以繪本的內容，作為開啟對話與交流的起點。

帶領者須適時運用討論提問法或閱讀歷程的六個階段，引導參與者由淺入深的探討讀書會主題。關於設計討論提問的詳細說明，請參考 P.104。

COULMN ·002· 繪本讀書會常見的搭配活動

在聚會過程中，繪本讀書會最常根據繪本的故事，搭配各式延伸活動，例如：繪本二次創作、繪畫或手工藝製作等。

烘焙點心

若繪本讀書會的指定讀物和烹飪、烘焙相關，帶領者也可以在閱讀繪本後，帶領參與者一同製作手工點心，再趁等待烘焙的時間，來進行團體討論的活動。

繪本二次創作

在帶領參與者閱讀完繪本故事後，帶領者可以邀請參與者思考，如果要改編故事結局，你想改成什麼模樣？或者詢問參與者，如果你要幫這個故事寫續集，你會安排什麼情節？

透過繪本二次創作的延伸活動，可以培養參與者的想像力，使不同的想法互相激盪，以達到交流彼此觀點的目標。

繪畫

在帶領參與者閱讀完繪本故事後，帶領者可以發給參與者紙和筆，讓他們畫下自己覺得印象深刻的地方，或是自己閱讀故事後的心得感想。

參與者繪製完成後，帶領者便可藉由參與者繪製的作品，進行團體討論，讓大家分享自己閱讀繪本後的想法，以及繪製出這幅畫的原因。

另外，若指定閱讀的繪本主題和面對情緒相關，帶領者也可設計舒壓的繪畫教學活動，例如：讓參與者體驗初階的禪繞畫、粉彩畫等創作。

手工藝製作

帶領者可從繪本中挑出特殊的動物、與主題相關的節日等元素，並根據這些元素設計相關的手工藝製作活動。例如：可以從有關聖誕節的繪本中，延伸出聖誕卡片的製作活動；或是從有出現動物角色的繪本故事中，延伸出動物造型摺紙教學或用黏土製作迷你動物等，替讀書會的過程增添趣味。

玩桌上遊戲

帶領者可選購市面上，現有從繪本故事延伸製作出的桌上遊戲，或自行設計與繪本內容相關的桌上遊戲，並在現場閱讀繪本後，帶領參與者共同玩桌遊，讓參與者以不同的角度體驗繪本故事。

COULMN 003 常見的繪本讀書會前準備內容

帶領者須事前準備的事項

❶ **熟讀繪本**：帶領者須先熟讀材料，以設計討論題綱。關於圖像類材料熟讀方法的詳細內容，請參考 P.96。

❷ **設定主要概念及討論問題**：帶領者須先思考，想透過讀書會讓參與者學習的主要概念，並設計討論提問。關於設定主要概念的詳細內容，請參考 P.103；關於設計討論提問的詳細內容，請參考 P.104。

❸ **將討論問題製作成學習單**：為了協助參與者抓住讀書會的主要概念，帶領者可將討論問題做成學習單，並事先製作及列印檔案。

❹ **規劃現場閱讀繪本的方法**：若要使用 PPT 或複印繪本書頁來輔助帶領者講故事，則須事先製作或列印檔案，且須取得出版社的授權同意。

❺ **規劃繪本延伸活動**：根據讀書會主題及繪本內容設計活動，比如改編繪本故事、製作手工藝或烘焙點心等。

❻ **寫下預計的活動流程**：帶領者若只靠大腦記憶，而不用紙筆寫下流程，容易遺漏該做的事項或該攜帶的用具。

❼ **事先統計出席人數**：帶領者最晚須在聚會前一天，提醒參與者出席，並趁機統計可出席的人數，再視人數判斷，是否須調整活動內容。

帶領者須準備或確認聚會空間能提供的器具

❶ 主要準備項目

項目名稱	補充說明
廁所	事先了解廁所的位置，並在聚會開始前告訴參與者。
飲水機	事先了解聚會空間有無提供飲水機；若沒有飲水機，則帶領者需事先提醒參與者自備飲用水。
打掃用具	場地布置及場地復原時須使用，包括掃把、抹布或衛生紙等。
麥克風	若擔心發言時的音量不夠大，就要準備麥克風給發言者使用。

桌椅或坐墊	事先確認聚會空間是否有提供桌椅或坐墊，並在聚會時將座位圍成圓圈。
簽到表及名牌	帶領者須事前製作，並列印簽到表及參與者的名牌，以供讀書會簽到時使用。
個人資料表	第一次聚會時，帶領者須事前製作及列印個人資料表，以供參與者填寫時使用。
自我檢視表	帶領者須事前製作和列印帶領者及參與者的自我檢視表，以供讀書會反思回饋時使用。關於空白的自我檢視表格式，請參考 P.217 和 P.219。
手錶或計時器	計時用，以提醒帶領者可使用的時間多寡。
筆	原子筆或鉛筆皆可，主要用於填寫簽到表、個人資料表及自我檢視表。
閱讀材料	將聚會當天要討論的材料，以及下次聚會要討論的材料帶到現場，以在導讀或下次預告時使用。

❷ 次要準備項目

項目名稱	補充說明
影音播放設備	播放暖身活動或延伸資料的影音檔案時使用，包括電腦、電視螢幕、投影螢幕、投影機和播音喇叭等。
PPT或紙本書頁影本	為了方便參與者現場閱讀繪本，帶領者可事先製作 PPT 或複印紙本書頁，但須取得出版社授權同意。
繪本延伸活動工具	任何延伸活動所須的工具材料，包括畫紙、各式繪製用筆、剪刀、膠帶、黏土、烘焙食材或烘焙用具等。
學習單	若帶領者有準備學習單，則須在聚會前製作及列印完成。

COULMN ·004· 適合繪本讀書會的參與者特質

想要參與繪本讀書會，參與者不僅無須在聚會前花心力閱讀，還能透過看圖了解故事，甚至從圖像中發展想像力與創意，是一項適合各年齡層的閱讀活動。

另外，因繪本比文字書更容易閱讀和理解，也更能開啟參與者分享閱讀心情的話題，或延伸出各種趣味活動，所以繪本相當適合作為陪伴他人的媒介。

參與者不須事前閱讀

若讀書會要討論繪本，參與者可以不用提前讀過材料。

以繪本來說，通常一本繪本頁數少，且內容以圖像為主，文字量較低，所以帶領者可以直接在聚會現場，和參與者一起從頭到尾閱讀完材料，再接著進行團體討論或延伸活動。

參與者無法看字太多或內容太厚的書

閱讀繪本可以從圖像、文字及聆聽他人朗讀的方式體驗故事，且內容較短，甚至有些繪本是只有圖像而沒有文字的，閱讀起來輕鬆無負擔。所以若是參與者不識字，或不願意看厚重的書籍，繪本是相當適合他們的閱讀材料。

因此對於識字較少的兒童、眼力較退化的年長者，以及需要陪伴幼兒閱讀的家庭，這些族群都是繪本讀書會重要的招生對象。

參與者想要獲得陪伴

閱讀繪本所花費的時間，遠比觀賞一部電影或閱讀一本文字書來的少，因此在聚會過程中，帶領者可以有更多的時間去安排各式各樣的趣味延伸活動，以滿足參與者學習兼娛樂的需求，並使參與者能在延伸活動中，享受與夥伴互相陪伴的樂趣。

舉例而言，帶領者可以從有關聖誕節的繪本中，延伸出聖誕卡片的製作活動；或是從學習如何處理情緒的繪本中，延伸出舒壓的繪畫教學活動等。

在作品完成後，可邀請參與者上台發表自己 DIY 的感想，或作品與繪本的關聯，使參與者在讀書會中獲得成就感。

圖像類讀書會的詳細流程
START
01 思考組成目的
02 思考目標對象
參與者不須事先閱讀、不愛看太厚的書，且需要陪伴。
03 決定圖像類閱讀材料
04 決定時間及地點
05 寫企劃書
06 設計招生海報
07 設計報名表
08 宣傳招生資訊
09 接受報名
10 設計第一次聚會流程
11 準備聚會所須物品
若有製作PPT或學習單，要記得帶。
12 事前通知參與者聚會時間
13 帶領聚會
14 事後檢討
15 熟讀材料
16 抓出主要概念
17 設計討論提問
18 設計非首次聚會流程
常見搭配活動有：繪本二次創作、手工藝活動等。
19 事前通知聚會時間
20 帶領聚會
21 事後檢討
繪本讀書會

電影在聚會中的使用時機

通常是在現場閱讀和團體討論中被使用。

電影讀書會中常見的搭配活動

較難有完整的時間進行額外的延伸活動。

常見的電影讀書會前準備內容

包含設計討論題綱等事項，及正版影片等物品。

適合電影讀書會的參與者特質

不須事前閱讀，及喜愛動態畫面。

COULMN 001 電影在聚會中的使用時機

在聚會過程中，電影通常在現場閱讀和團體討論中被使用。

現場閱讀

現場閱讀就是陪參與者一起現場觀看指定的影片，現場觀看的影片可以從頭到尾播放，也可以只播放需要討論的影片節錄片段。

團體討論

在帶領團體討論時，帶領者須以電影的內容作為開啟對話與交流的起點。

帶領者須適時運用討論提問法或閱讀歷程的六個階段，帶領參與者由淺入深的探討讀書會主題。關於設計討論提問的詳細說明，請參考 P.104。

COULMN 002 電影讀書會常見的搭配活動

因為觀看一部電影的時間較長，所以一般電影讀書會較難有完整的時間，再去進行額外的延伸活動。

通常電影讀書會的整體流程只有暖身活動、現場觀看電影、團體討論、參與者回饋、下次預告及安排回家作業而已。

當然，如果讀書會指定觀看的影片時間較短，帶領者依然可以自行設計延伸活動，例如：用寫學習單的方式來為團體討論進行暖身，或請參與者發揮創意思考，如果電影打算拍攝續集的話，參與者會想拍攝什麼劇情等。

COULMN 003 常見的電影讀書會前準備內容

帶領者須事前準備的事項

❶ **熟讀電影**：帶領者須先熟讀材料，以設計討論題綱。關於影像類材料熟讀方法的詳細內容，請參考 P.98。

❷ **設定主要概念及討論問題**：帶領者須事先思考想透過讀書會讓參與者學習的主要概念，並設計討論提問。關於設定主要概念的詳細內容，請參考 P.103；關於設計討論提問的詳細內容，請參考 P.104。

❸ **將討論問題製作成學習單**：為了協助參與者更抓住讀書會的主要概念，帶領者可將討論問題做成學習單，並事先製作及列印檔案。

❹ **寫下預計的活動流程**：帶領者若只靠大腦記憶，而不用紙筆寫下流程，容易遺漏該做的事項或該攜帶的用具。

❺ **事先統計出席人數**：帶領者最晚須在聚會前一天，提醒參與者出席，並趁機統計可出席的人數，再視人數判斷，是否須調整活動內容。

❻ **事先準備正版影片**：帶領者須購買或租借正版的影片，以在讀書會現場播映。

帶領者須準備或確認聚會空間能提供的器具

❶ 主要準備項目

項目名稱	補充說明
廁所	事先了解廁所的位置，並在聚會開始前告訴參與者。
飲水機	事先了解聚會空間有無提供飲水機；若沒有飲水機，則帶領者需事先提醒參與者自備飲用水。
打掃用具	場地布置及場地復原時須使用，包括掃把、抹布或衛生紙等。
麥克風	若擔心發言時的音量不夠大，就要準備麥克風給發言者使用。
桌椅或坐墊	事先確認聚會空間是否有提供桌椅或坐墊，並在聚會時將座位圍成圓圈。
簽到表及名牌	帶領者須事前製作，並列印簽到表及參與者的名牌，以供讀書會簽到時使用。
個人資料表	第一次聚會時，帶領者須事前製作及列印個人資料表，以供參與者填寫時使用。
自我檢視表	帶領者須事前製作和列印帶領者及參與者的自我檢視表，以供讀書會反思回饋時使用。關於空白的自我檢視表格式，請參考 P.217 和 P.219。
手錶或計時器	計時用，以提醒帶領者可使用的時間多寡。
筆	原子筆或鉛筆皆可，主要用於填寫簽到表、個人資料表及自我檢視表。
閱讀材料	將聚會當天要討論的材料，以及下次聚會要討論的材料帶到現場，以在導讀或下次預告時使用。

❷ 次要準備項目

項目名稱	補充說明
學習單	若帶領者有準備學習單，則須在聚會前製作及列印完成。

COULMN ·004· 適合電影讀書會的參與者特質

想要參與電影讀書會，參與者不僅無須在聚會前花心力閱讀，還能透過精彩的影像反思各式主題，加上觀看電影比閱讀書籍更有娛樂性，是相當能吸引各年齡層的閱讀活動。

另外，電影也和繪本一樣，具有較容易理解的特性，因此能促使參與者願意與他人分享自己的心得感想，所以是一項適合陪伴他人的閱讀材料。

但不論是要陪伴社區裡的年長者，還是要在課堂上運用電影請學生討論議題，電影讀書會都是一個不錯的選項。

參與者不須事前閱讀

若讀書會要討論電影，參與者可以不用提前讀過材料。

以電影來說，帶領者可以直接在聚會現場和參與者一起觀賞影片，再接著進行團體討論。

參與者喜愛動態畫面

相較於靜態的文字和圖像，動態影像加上特效、配樂和鏡頭剪接等技巧，更能吸引觀賞者的眼球，可說是具有極大的娛樂效果，所以可使參與者更融入其中，不易分心，或因節奏緩慢而失去參與的興致。

COULMN ·005· 組成影像類讀書會的詳細流程：以電影為例

牌卡類讀書會須知：以OH卡為例

OH卡在聚會中的使用時機

通常是在暖身活動、現場閱讀和團體討論中被使用。

OH卡讀書會中常見的搭配活動

可以繪畫表達閱讀OH卡的感想。

常見的OH卡讀書會前準備內容

包含設計討論題綱等事項，及正版牌卡等物品。

適合OH卡讀書會的參與者特質

不須事前閱讀，及可以自己詮釋材料。

COULMN 001 OH 卡在聚會中的使用時機

在聚會過程中，OH 卡通常是暖身活動、現場閱讀和團體討論中被使用。

暖身活動

在帶領 OH 卡讀書會時，除了可以用一般帶動跳，以及冥想等方式進行暖身活動，也可以運用 OH 卡作為暖身活動的素材。

例如：帶領者可運用 OH 卡的自我介紹玩法，作為讀書會的暖身活動，使參與者的心專注於聚會當下。

- OH 卡的自我介紹規則

  將 88 張圖像 OH 卡正面朝上擺放，讓每個參與者一一觀察牌面的圖案，並挑選一張能代表自己的牌卡。

  接下來讓每個參與者輪流用 OH 卡介紹自己。自我介紹的內容可包含名字、此刻的心情、對今天聚會的期待、我選擇了什麼樣的牌卡，以及我選擇這張牌卡的原因等。

現場閱讀

OH 卡本身是一套具有豐富玩法的潛意識投射卡，只要帶領者設定好每次讀書會的主題，即可根據 OH 卡的特性，陪伴參與者進行不同的牌卡活動。

所有運用 OH 卡進行團體互動的過程，即為現場共同閱讀 OH 卡。關於共讀 OH 卡的方式之一，請參考 P.181 本章節的範例二。

團體討論

在帶領團體討論時，帶領者須以現場閱讀牌卡的內容，作為開啟對話與交流的起點。

帶領者須適時運用討論提問法，或閱讀歷程的六個階段，引導參與者由淺入深的探討讀書會主題。關於設計討論提問的詳細説明，請參考 P.104。

COULMN ·002· OH 卡讀書會常見的搭配活動

繪畫

在引導參與者進行牌卡活動後，帶領者可以發給參與者紙筆，讓他們畫下自己覺得印象深刻的地方，或是自己觀看 OH 卡後內心產生的情緒和想法等。

參與者繪製完成後，帶領者便可藉由參與者的作品，展開一場團體討論，讓大家分享自己觀看 OH 卡後的想法。

COULMN ·003· 常見的 OH 卡讀書會前準備內容

帶領者須事前準備的事項

❶ **熟悉牌卡：**帶領者須先熟讀材料，以設計討論題綱及牌卡玩法。關於牌卡類材料熟讀方法的詳細內容，請參考 P.101。

❷ **設定主要概念及討論問題：**帶領者須事先思考想透過讀書會讓參與者學習的主要概念，並設計討論提問。關於設定主要概念的詳細內容，請參考 P.103；關於設計討論提問的詳細內容，請參考 P.104。

❸ **寫下預計的活動流程**：帶領者若只靠大腦記憶，而不用紙筆寫下流程，容易遺漏該做的事項或該攜帶的用具。

❹ **事先統計出席人數**：帶領者最晚須在聚會前一天，提醒參與者出席，並趁機統計可出席的人數，再視人數判斷，是否須調整活動內容。

❺ **事先準備正版牌卡**：帶領者須購買或租借正版的牌卡，以在讀書會現場進行活動。

帶領者須準備或確認聚會空間能提供的器具

❶ 主要準備項目

項目名稱	補充說明
廁所	事先了解廁所的位置，並在聚會開始前告訴參與者。
飲水機	事先了解聚會空間有無提供飲水機；若沒有飲水機，則帶領者需事先提醒參與者自備飲用水。
打掃用具	場地布置及場地復原時須使用，包括掃把、抹布或衛生紙等。
麥克風	若擔心發言時的音量不夠大，就要準備麥克風給發言者使用。
桌椅或坐墊	事先確認聚會空間是否有提供桌椅或坐墊，並在聚會時將座位圍成圓圈。
簽到表及名牌	帶領者須事前製作，並列印簽到表及參與者的名牌，以供讀書會簽到時使用。
個人資料表	第一次聚會時，帶領者須事前製作及列印個人資料表，以供參與者填寫時使用。
自我檢視表	帶領者須事前製作和列印帶領者及參與者的自我檢視表，以供讀書會反思回饋時使用。關於空白的自我檢視表格式，請參考 P.217 和 P.219。
手錶或計時器	計時用，以提醒帶領者可使用的時間多寡。
筆	原子筆或鉛筆皆可，主要用於填寫簽到表、個人資料表及自我檢視表。
閱讀材料	將聚會當天要討論的材料，以及下次聚會要討論的材料帶到現場，以在導讀或下次預告時使用。

❷ 次要準備項目

項目名稱	補充說明
影音播放設備	播放暖身活動的影音檔案時使用，包括電腦、電視螢幕、投影螢幕、投影機和播音喇叭等。
學習單	若帶領者有準備學習單，則須在聚會前製作及列印完成。
延伸活動工具	延伸活動所須的工具材料，包括畫紙、畫筆等。

COULMN 004 適合 OH 卡讀書會的參與者特質

OH 卡是一款從兒童到年長者皆適用的意識投射卡。

因為 OH 卡活動需要有人帶領和引導，所以參與者不須事前閱讀材料。且參與 OH 卡活動無須具備任何專業知識，只須遵循帶領者的引導，並誠實說出自己從牌卡中看見什麼即可。

參與者不須事前閱讀

若讀書會要討論 OH 卡，則參與者可以不用提前讀過材料。

以 OH 卡來說，帶領者可以直接在聚會現場，和參與者一起進行 OH 卡活動，再接著進行團體討論或延伸活動。

參與者可以自己詮釋材料

不論是閱讀文字書、繪本還是電影，讀書會參與者都是純粹的閱讀者，在分享讀後感前，須先弄懂作者想傳達的意義。但是在觀看 OH 卡時，參與者不僅是接收訊息的人，同時也是主動詮釋材料、賦予牌卡各種意義的人，因此不必擔心自己的理解會是錯誤的。

所以只要對 OH 卡好奇，或是想要更充分探索自己內在與生命的人，都很適合參加 OH 卡讀書會。

COULMN 005

組成牌卡類讀書會的詳細流程：以 OH 卡為例

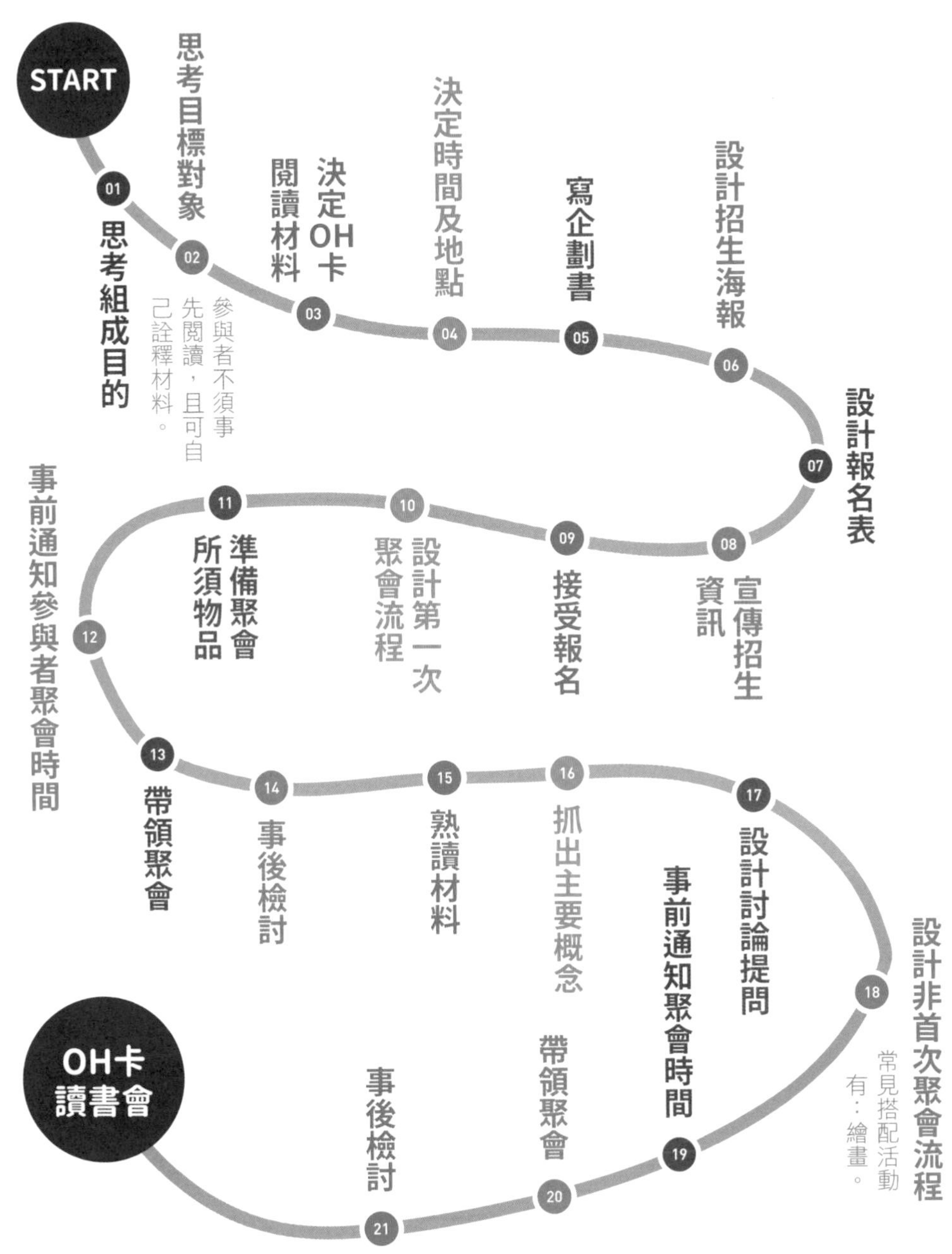

聚會前須先準備或確認的器物

項目名稱	補充說明
廁所	事先了解廁所的位置，並在聚會開始前告訴參與者。
飲水機	事先了解聚會空間有無提供飲水機；若沒有飲水機，則帶領者需事先提醒參與者自備飲用水。
打掃用具	場地布置及場地復原時須使用，包括掃把、抹布或衛生紙等。
麥克風	若擔心發言時的音量不夠大，就要準備麥克風給發言者使用。
桌椅或坐墊	事先確認聚會空間是否有提供桌椅或坐墊，並在聚會時將座位圍成圓圈。
簽到表及名牌	帶領者須事前製作，並列印簽到表及參與者的名牌，以供讀書會簽到時使用。
個人資料表	第一次聚會時，帶領者須事前製作及列印個人資料表，以供參與者填寫時使用。
自我檢視表	帶領者須事前製作和列印帶領者及參與者的自我檢視表，以供讀書會反思回饋時使用。關於空白的自我檢視表格式，請參考 P.217 和 P.219。
手錶或計時器	計時用，以提醒帶領者可使用的時間多寡。
筆	原子筆或鉛筆皆可，主要用於填寫簽到表、個人資料表及自我檢視表。
閱讀材料	將聚會當天要討論的材料，以及下次聚會要討論的材料帶到現場，以在導讀或下次預告時使用。
補充資料或講義	若帶領者有準備補充資料或講義，則須在聚會前製作及列印完成。

SECTION 06 / 不同材料的讀書會比較

<table>
<tr><th></th><th>文字類讀書會</th><th>圖像類讀書會</th><th>影像類讀書會</th><th>牌卡類讀書會</th></tr>
<tr><td>閱讀材料舉例</td><td>文字書。</td><td>繪本。</td><td>電影。</td><td>OH 卡。</td></tr>
<tr><td>聚會中的使用時機</td><td>導讀、團體討論。</td><td>暖身活動、現場閱讀、團體討論。</td><td>現場閱讀、團體討論。</td><td>暖身活動、現場閱讀、團體討論。</td></tr>
<tr><td>常見的搭配活動</td><td>專家演講、延伸材料推薦。</td><td>二次創作、繪畫、手工藝製作、烘焙點心、玩桌遊。</td><td>較少搭配延伸活動。</td><td>繪畫。</td></tr>
<tr><td>參與者是否須提前閱讀</td><td>是。</td><td>否。</td><td>否。</td><td>否。</td></tr>
<tr><td rowspan="2">聚會前須準備的事項</td><td colspan="4">熟讀材料、設定主要概念及討論提問、寫下預計的活動流程、事先統計出席人數。</td></tr>
<tr><td>蒐集補充資料及製作講義、事先聯絡講者、將討論問題製作成學習單。</td><td>將討論問題製作成學習單、規劃現場閱讀繪本的方法、規劃繪本延伸活動。</td><td>準備正版電影、將討論問題製作成學習單。</td><td>準備正版牌卡、將討論問題製作成學習單。</td></tr>
</table>

	文字類讀書會	圖像類讀書會	影像類讀書會	牌卡類讀書會
聚會前須準備或確認的器物	廁所、飲水機、打掃用具、麥克風、影音播放設備、桌椅或坐墊、簽到表及名牌、個人資料表、自我檢視表、手錶或計時器、筆、學習單。			
	文字書、補充資料或講義。	繪本、PPT或紙本書頁影本、繪本延伸活動工具及材料。	電影。	牌卡、繪畫工具。
適合的參與者客群	青少年、壯年。	全年齡皆可，尤其適合兒童、年長者及親子共讀。	青少年、壯年、年長者。	全年齡皆可。

ARTICLE 06 02

讀書會實務範例及解析

在前面章節中，帶領者已經了解如何從無到有創立讀書會，及掌握帶領團體討論的技巧。

為了使想擔任帶領者的新手能更明白帶領技巧的應用，以下將透過幾個片段的讀書會對話內容，直擊讀書會現場的情形，並藉由每段對話後的重點說明，解析對話中值得學習的優點。

SECTION 01 ∕ 範例一：暖身活動實錄

以下對話內容，為曹春燕老師（以下簡稱曹）帶領的讀書會暖身活動的過程實錄，其中全部參與者將以「全參」作為簡稱。

此為讀書會暖身活動的資料照片，帶領人可透過活動身體，打開參與者的心。

大笑瑜珈活動
音檔 QRcode

COULMN 001 對話內容

（暖身活動開始。）

曹：「來，請大家站著圍成一圈，我先帶大家做大笑瑜珈當暖身。」

（等待參與者們站定位。）

曹：「好，我來解釋一下什麼是大笑瑜珈。大笑瑜珈就是每做一個動作，就要大聲發出聲音，像是每説出一個字就拍一次手，呼、呼、哈、哈、哈。」

（曹在説出每個呼和哈字的同時，都做出拍一次手的動作，一共拍手五下。）

曹：「這樣了解嗎？接下來請各位跟著我同時做動作，呼、呼、哈、哈、哈。」

（帶領者和參與者同時邊喊出呼、呼、哈、哈、哈的聲音，邊拍手五下。）

曹：「很好，我們連續做這個動作，總共做三組。」

（帶領者和參與者同時邊喊出聲音，邊重複三次指定動作。）

曹：「OK，接下來我們變化一下動作，在呼、呼的時候一樣是拍手，哈、哈、哈的時候改成輕輕拉雙耳的耳垂。一樣做三組。」

（帶領者和參與者同時邊喊出聲音，邊重複三次指定動作。）

曹：「現在呼、呼的時候拍手，哈、哈、哈的時候改成握拳搥自己的肩膀。一樣做三組。」

（帶領者和參與者同時邊喊出聲音，邊重複三次指定動作。）

曹：「好，接下來呼、呼的時候拍手，哈、哈、哈的時候改成拍打自己的大腿。一樣做三組。」

（帶領者和參與者同時邊喊出聲音，邊重複三次指定動作。）

曹：「各位做得非常好。接著呢，我們改做另一種動作。跟著我雙手五指和五指指尖相對，等一下我們會動手指，讓雙手的手指互相碰一下，一次動兩根。先兩根大拇指指尖對碰一次並說一次哈，接著動兩根食指對碰兩次並說兩次哈，再來依序是中指三次哈、無名指四次哈和小指四次以上的哈。」

（帶領者邊說邊示範動作。）

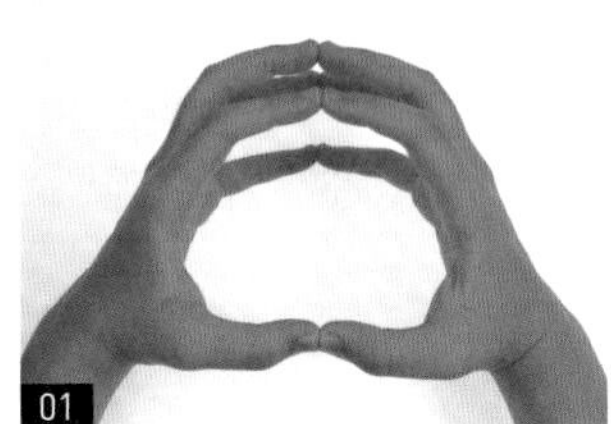

雙手五指和五指相對。

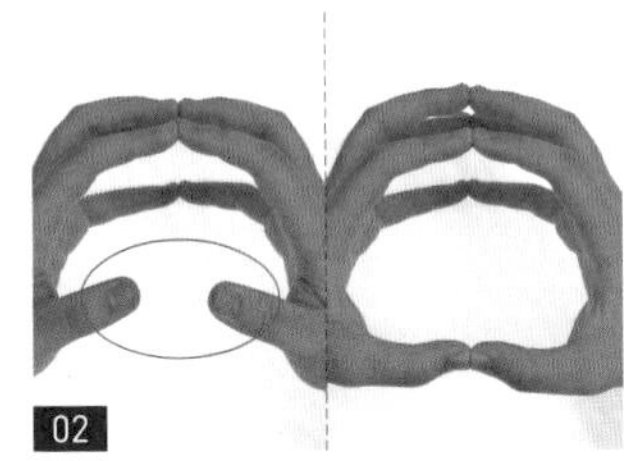

雙手大拇指先分開再對碰，共一次。

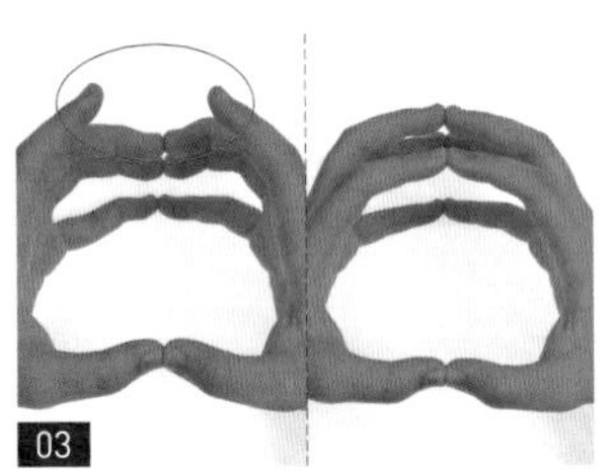

雙手大拇指先分開再對碰，共一次。

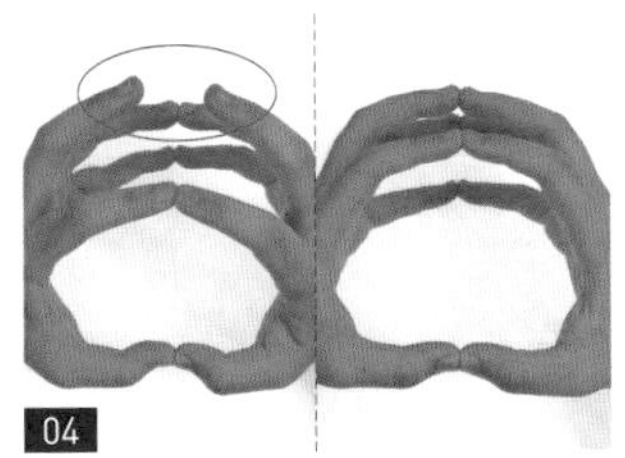

雙手中指先分開再對碰，共三次。

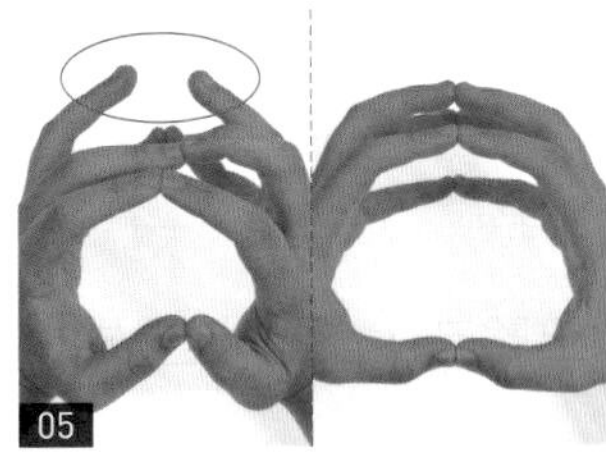

雙手無名指先分開再對碰，共四次。

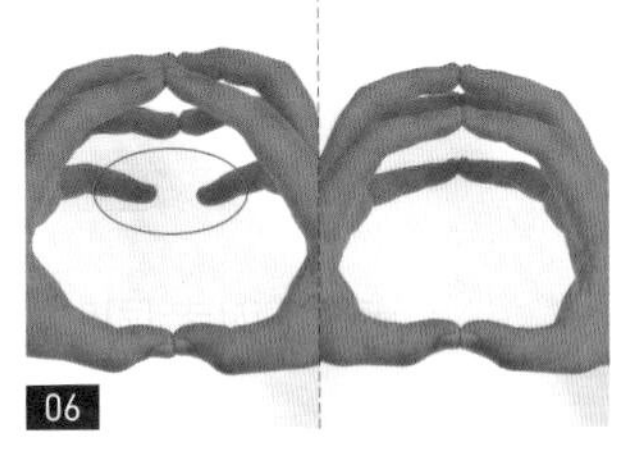

雙手小指先分開再對碰，共四次以上。

曹：「這樣大家理解了嗎？那就跟著我一起做一遍。哈、哈哈、哈哈哈、哈哈哈哈、哈哈哈哈哈⋯⋯。」

（帶領者和參與者同時邊喊出哈哈聲，邊做指定動作。）

曹：「很好，那麼我們再重複一次。」

（帶領者和參與者同時邊喊出哈哈聲，邊做指定動作。）

曹：「我們再重複一次，只是這次最後的小指的哈要故意笑更久一點。」

（帶領者和參與者同時邊喊出哈哈聲，邊做指定動作，動作完成後笑聲持續著。）

曹：「我看大家暖身的差不多了，我們來手牽手，用同樣哈、哈哈、哈哈哈、哈哈哈哈、哈哈哈哈哈……的節奏大笑最後一次！」

（帶領者和參與者手牽手邊喊出哈哈聲，邊做指定動作，最後笑聲持續一段時間。）

曹：「我們的暖身就到這裡，大家的精神應該都已經好起來了吧！一般帶領讀書會的暖身到這時就可以結束了，不過我們這次是帶領者培訓的讀書會嘛，所以我要跟你們多解釋一點，讓你們更了解我在做什麼。剛剛一開始做的呼、呼、哈、哈、哈的動作可以自由變化，沒有一定要拉耳垂、拍肩膀和拍大腿，也可以踢腿抬腿，都可以隨便換。重點是當帶領者的人必須要用自己的情緒來感染那些來參加你讀書會的人，你自己要先進入情緒，才能釋放情緒，用笑的情緒撼動團體的氛圍，這樣才能讓其他參與者願意融入你的活動。這樣你們明白嗎？」

全參：「明白！」

（暖身活動結束。）

COULMN 002 重點說明

我們可以從範例一的對話看出，帶領者以大笑瑜珈，作為讀書會開場的暖身活動。

清除參與者的雜念

暖身活動基本上是讀書會流程中最開頭的活動，此時從各地前來參加讀書會的參與者們，可能仍在思考、操心著非讀書會內容的外務，所以帶領者須在短時間內讓參與者回神，並開始專注於當下的聚會。而這正是暖身活動的第一個功能。

引導參與者放鬆身心

在拉回參與者的心思後，暖身活動的第二個功能，就是打開參與者全心投入團體互動的開關。而範例一暖身活動的對話內容，正示範了帶領者主動引導參與者的站位、伸展肢體、開嗓及歡樂的情緒渲染，使參與者只要輕鬆的跟隨帶領者的指示，就能達到放鬆身心的效果。

❶ 引導站位的例句：「來，請大家站著圍成一圈，我先帶大家做大笑瑜珈當暖身。」

重點提示 此例句的「來，請大家站著圍成一圈」就是在引導參與者站位。

❷ 引導伸展肢體的例句：「OK，接下來我們變化一下動作，在呼、呼的時候一樣是拍手，哈、哈、哈的時候改成輕輕拉雙耳的耳垂，一樣做三組。」

重點提示 此例句的「改成輕輕拉雙耳的耳垂」就是在引導參與者伸展肢體。

❸ 引導開嗓的例句：「好，我來解釋一下什麼是大笑瑜珈。大笑瑜珈就是每做一個動作，就要大聲發出聲音。像是每說出一個字就拍一次手，呼、呼、哈、哈、哈。」（在說出每個呼和哈的字的同時，都做出拍一次手的動作，一共拍手五下。）

重點提示 此例句的「就要大聲發出聲音」就是在引導參與者開嗓。

❹ 引導歡樂情緒渲染的例句：「我們再重複一次，只是這次最後小指的哈，要故意笑更久一點。」

重點提示 此例句的「故意笑更久一點」就是在引導參與者被歡樂情緒渲染。

SECTION 02 ／ 範例二：共讀OH卡及延伸活動

以下對話內容，為曹春燕老師（以下簡稱曹）帶領的共同閱讀 OH 卡，再搭配延伸活動的過程實錄，其中參與者以 A1、A2、A3……等代號表示，並以「全參」作為全部參與者的簡稱。

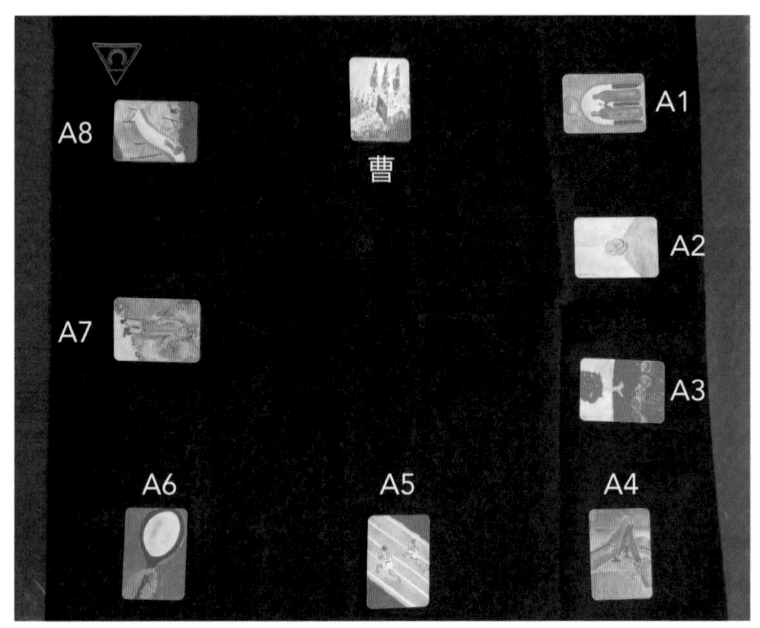

此為 OH 卡活動的資料照片。

COULMN · 001 · 對話內容

（OH 卡共讀開始。）

曹：「請所有人圍坐成一小圈，從 OH 卡堆中隨便抽出一張卡，且先不要翻開自己抽的牌卡。」

（此時 OH 卡處於被打散且牌卡反面朝上的狀態，所有參與者都按指示拿了一張牌放在自己面前。）

曹：「好，接下來我們要進行的活動，叫做故事接龍，從我開始以順時針的順序，翻開牌卡並根據你自己看到的圖像，去接續上一個人所說的內容，來共同編故事。」

A1：「要接續上一個人說的東西？」

曹：「對，我們把故事串起來，假裝它是一本繪本。現在，我先幫這本繪本取一個書名，書名就是『欣賞自己』，等一下你們接龍的時候，就盡量往這個題目去發想，這樣有聽懂嗎？」

全參：「有。」

曹：「好，那我們就開始囉。（翻開牌卡）唉唷，我太欣賞自己了，我推廣OH卡的時候，很多人都跟著我一起往前移動。」

A1：「（翻開牌卡）我太欣賞我自己了……。」

曹：「欸，不是，你要接續我說的。」

A1：「喔，我要接你的。那，往前移動，每當我遇到問題的時候，都會有一位導師出現在我身邊，讓我更清楚接下來要怎麼做。」

曹：「OK。」

A2：「所以我現在要接著上一個人的？」

曹：「當然。」

A2：「在有導師引導我該怎麼做的過程中，呃，老師你剛剛說我們的書名是什麼？」

曹：「是欣賞自己。注意喔，在我們一面進行故事接龍的時候，要一面留意過程中，有哪句話打動你，你就把那句話記起來。比如說，假設我很喜歡『每個人都是不同面向的自己』這句話，我就要把它記下來。」

A2：「好，那在有導師引導我的過程中，我懂得欣賞自己，並且靜下心來仔細沉澱自己，好好的來思考我所要面對的事情。」

A3：「當我沉靜下來，好好的思考、面對問題的時候，我就開始學習和世界產生連結，然後有一些能量交流。」

A4：「當我和世界開始連結之後，我發現我把我的過去斬斷了，我擁有了創新的未來。」

A5：「斬斷過後就不用想那麼多了，只管往前跑，我的人生就是一直往前跑，我覺得我的目標快到了。我就要和別人比較，往前衝過去，得到第一名。」

A6：「當我往前跑的時候，我看見自己是有力量的，我有一股衝力，還有一份智慧和勇氣，讓我能朝著目標邁進。」

A7：「這個目標讓我看到我必須更獨立、更愛自己。」

A8：「當你學會愛自己的時候，你就有能力去幫助和自己有同樣困難的人，然後變得越來越棒。」

曹：「那麼在我越來越棒之後，我就能旗開得勝！」

（故事接龍第一輪結束。）

全參：「哈哈哈。」

（所有人開心鼓掌、大笑。）

曹：「好，接下來我們繼續第二圈故事接龍。」

A4：「第二圈是同樣講自己抽到的這張牌嗎？」

曹：「對，沒錯。」

A1：「嗯，我一定會旗開得勝的，因為我不斷的回來，和我的心靈導師一起探索，一起擴展自己。」

A2：「在擴展中，在沉靜中，我瞬間找到答案。」

A3：「找到答案之後，我開始懂得給予。」

A4：「當我學會給予之後，我發現我身上有更多的力量，可以創造自己。」

A5：「我把壞的能量斬除掉、負面的能量去除掉，留下正面的能量往前走走走、跑跑跑。」

曹：「注意喔，這故事中是有包含欣賞自己的部分喔！等一下我們會做一個延伸活動，是繪本的延伸活動，而我們現在就是在創作活的繪本。」

A6：「這個力量讓我看到，哇！原來我是這麼棒的。」

A7：「我原來可以站在舞台上發揮我的魅力，展現我的能力，那是我渴望助人的工作。」

A8：「展開助人的工作，你就不會局限在台灣，你會去到世界各地，去出差、旅遊兼玩耍，順便幫助人。」

曹：「好，我們這次就輪兩圈就好了。」

（OH 卡共讀結束，延伸活動開始。）

曹：「剛剛我們繪本的名稱是設定『欣賞自己』對不對？」

全參：「對。」

曹：「那在剛剛的過程中，我們要來欣賞自己至少三個優點，等一下每個人都要講出自己的三個優點。我之前是不是有說，我們的活動就像是在創作繪本，而這個牌卡就像是繪本的書頁？」

A2：「所以我們要用自己的牌卡說優點嗎？」

曹：「不是，我是說每張牌卡就像繪本的書頁。我們剛剛完成了故事接龍，就等於我們讀完了一本活的繪本。那麼，在我讀完這本名為『欣賞自己』的繪本之後，我發現我的三個優點。第一個是我充滿了活力，而且很有果決力，該扔的扔，該丟的丟，非常有行動力。第三個是我不但能幫助自己，還能向世界擴展開來，去幫助到更多的人。這就是我欣賞我自己的三個優點。這樣你們有沒有聽懂？」

A4：「所以是透過這些牌卡，來找到欣賞自己的優點？」

曹：「對，你可以從牌卡中去看見自己，也可以從剛剛的接龍故事中去想像。各位，你們要善用自己的想像力，有人可能會問『老師，我沒有別人說的那些優點怎麼辦？』那你就用想像力，假裝你已經有了啊！想像力就是你的超能力，沒有的話就掰出來！知不知道？」

全參：「知道了。」

曹：「OK。那大家開始輪流講出自己的三個優點分別是什麼。」

A1：「好，我講三個優點。在跟自己心裡對話的過程中，我更清楚自己要什麼、不要什麼，所以即使在悲傷、憂鬱來臨的時刻，我仍舊能知道自己所需要的，這是第一個優點。」

曹：「所以第一個優點，是知道自己要什麼。」

A1：「對，第二個是當我知道自己要什麼的時候，我就知道自己要斬斷什麼，而不是什麼東西都放在自己的頭腦裡面，這樣會太混亂，所以我斬斷了不重要的東西。」

曹：「所以第二個是很大的決斷力。」

A1：「對，我的第三個優點，是在學習拓展的過程當中，我知道我有能力去幫助別人了。那麼在幫助別人的時候，我也越來越能去幫助我自己，然後我知道最後的結果一定是好的。」

曹：「OK。這是他說的三個優點，這樣大家知道了嗎？這就是所謂的繪本延伸活動。來，換你說。」

A2：「在這個學習身心靈的過程中，經過堅定的學習之後，我創造了我美好的實相。」

曹：「所以你的第一個優點是？」

A2：「我堅定的學習。」

曹：「好，我堅定的學習。」

A2：「然後我感受到自己愛的、滿滿的回饋心，這是第二個。第三個是我感受到自己有力量，過去的我會因為被別人踩線，而心裡不舒服，現在我懂了畫線的智慧。」

曹：「明白，就是釐清了界線，你的界線更清晰了。OK，再來。」

A3：「第一個是我做事很有衝勁，有時候事情想到就做；第二個是我很容易放下，不管好的事情、壞的事情。壞的事情放下，是為了不讓它拖累了我，好的事情放下，是為了讓自己不沉溺於自我良好的感覺當中；第三個是我很樂意付出。」

曹：「OK，好。」

A4：「我非常欣賞我自己，是因為這個鏡子，我們常說身體是心靈的一面鏡子，所以我透過那面鏡子，看到自己有力量的部分，所以我決定運用自己的力量，創造自己的自癒力。我相信我是自己的醫生，所以我可以幫自己的身體創造健康，然後我就可以在自己的生命藍圖裡創造美好。」

曹：「OK，很好。」

A5：「我覺得我的人生很有目標，可以直接朝著目標衝過去，但在衝的狀況下，可能會有些問題搞不清楚，那我覺得我在鏡子裡自我覺醒，在覺醒之後，我才知道以前走過的路有沒有問題，接著再去修正，並斬斷一切的過去，把錯誤的路都斬斷掉，希望能因此旗開得勝，走向凱旋之路。」

全參：「哈哈哈哈。」

A6：「我透過學習去覺察到自己負面的部分，也因而發現了自己的問題在哪裡。所以我運用我的決斷力，把負面思想砍掉，我的前面就一片光明，然後我就能很輕鬆簡單的朝向我的目標往前走。」

曹：「OK。」

A7：「我欣賞我自己的第一個優點，是我能夠輕易的斬斷過去的不愉快；第二是我能果斷地往前衝；第三是我喜歡我的喜感和助人。」

曹：「來，最後一個，你說。」

A8：「我的第一個優點是我很願意去學習，有問題都會隨時向老師求救；第二個優點是我在學習完之後，我很樂意去教人、去幫助別人；第三個是愛自己，這就是我三個很棒的優點。」

曹：「好，很好。剛剛我們體驗完把每張牌卡當成繪本閱讀，以及閱讀後的延伸活動。這個活動很適合不同的年齡層體驗。我們之後還可以嘗試先不要為故事接龍命名，等接龍結束之後，再來一起討論我們從中感受到什麼主題的玩法。」

A1：「老師，我可以把牌卡拍照嗎？」

曹：「可以，想拍照都可以拍照。那麼，我們就先休息一下。」

（延伸活動結束。）

COULMN 002 重點說明

我們可以將範例二的對話，視為帶領者和參與者在讀書會現場，共同閱讀材料後，進行了簡單的心得反思和分享。在這個範例中，OH 卡是材料，故事接龍是閱讀 OH 卡的過程，而延伸活動則是說完故事接龍後，運用牌卡投射出的結果，統整出自己的三個優點。

使參與者熟悉閱讀材料

帶領者透過帶領故事接龍的方式，使參與者認真閱讀 OH 卡牌面上的圖像，並嘗試說出自己對圖像的理解與聯想，同時也使參與者更熟悉 OH 卡的其中一種玩法。

使參與者充分表達想法

在帶領者點出此次讀書會的主要概念是「欣賞自己」後，參與者們便透過 OH 卡圖像的暗示，在故事接龍中，充分的表達對這個主題，不同面向的觀察。有人看見了沉澱自己的能力，有人看見了劃清界線的智慧，有人看見了向世界拓展、與世界連結的可能性等。

使參與者產生團體共同感

在範例二的讀書會過程中，不管是故事接龍，還是延伸活動的環節，帶領者讓每個參與者都有機會發言，這有助於使參與者產生團體共同感，並運用一些帶領技巧，進一步提升團體狀態，與活動進行的流暢度。我們能從過程中不時傳出「哈哈哈」的笑聲得知，這個讀書會團體的氛圍十分融洽歡樂。

❶ **運用釐清疑惑技巧的例句：**（關於釐清疑惑技巧的詳細內容，請參考 P.111。）

A2：「在這個學習身心靈的過程中，經過堅定的學習之後，我創造了我美好的實相。」

曹：「所以你的第一個優點是？」

A2：「我堅定的學習。」

曹：「好，我堅定的學習。」

重點提示 此例句的「所以你的第一個優點是？」就是帶領者運用釐清疑惑技巧中的反問確認，達到整理 A2 發言重點的效果。

❷ **運用回應技巧的例句：**（關於回應技巧的詳細內容，請參考 P.111。）

A2：「所以我現在要接著上一個人的？」

曹：「當然。」

重點提示 此例句的「當然」就是在回應 A2，讓參與者感受到帶領者有在聽自己説話。

❸ 運用提問技巧的例句：（關於提問技巧的詳細內容，請參考 P.110。）

曹：「OK。那大家開始輪流講出自己的三個優點分別是什麼？」

重點提示 此例句的「講出自己的三個優點分別是什麼？」就是帶領者運用提問技巧，讓參與者可以回答、投入在讀書會當中。

SECTION 03 / 範例三：團體討論實錄

以下對話內容，為曹春燕老師（以下簡稱曹）帶領團體討論的過程實錄，本場的討論題目為「如何帶領電影讀書會」，其中參與者以 A1、A2、A3……等代號表示，並以「全參」作為全部參與者的簡稱。

COULMN 001 對話內容

（團體討論開始。）

曹：「那麼接下來，我們要來進入討論電影讀書會的部分了，大家來拿這些資料讀讀看。」

（帶領者邊説邊發放講義、資料。）

曹：「你們花時間讀一下手上的資料，這是關於帶領電影讀書會的一些資料。看完之後回答我，你們看到上面寫了什麼？」

（參與者現場快速閱覽。）

A1：「有寫引言、大綱。」

曹：「是，有引言和大綱。」

A2：「會把角色關係畫出來。」

曹：「會畫出角色關係圖。還有呢？你們還看到了什麼？」

A3：「他有分析角色，就是角色在故事中要表達的特色。」

曹：「對，所以他把電影中，每個擔任的角色寫得蠻清楚的。」

A4：「他會有一個主要角色，然後在主要角色旁邊寫其他次要角色，以及主角和這些次要角色之間的關係、情感連結等。」

曹：「嗯嗯，還有呢？還看到什麼？」

（帶領者邊説邊搭配點頭動作。）

A5：「他會把電影情節寫成問句。」

曹：「他寫了討論題綱，所以不管是帶領電影還是繪本讀書會，都必須寫討論題綱。」

A6：「他的參考影片，每個範例都列出很多個延伸參考影片。」

曹：「對，他都會把相關的影片連結放上去。所以還記不記得，上次我有説，如果要帶領一本書，我不會只看那本書，我還會看其他相關的書。」

A7：「你的意思是指看其他情節類似的書嗎？」

A8：「應該是指延伸閱讀吧。」

曹：「對，是要看延伸閱讀的東西。」

A9：「請問我可以拍這些資料嗎？」

曹：「可以啊，這些都是從洪品俐的《另一種傾聽：家庭教育電影欣賞討論手冊》這本書裡摘選出來的，你們也可以直接找書來讀。不過這本書有點舊，你們讀的時候要自己融會貫通。像是你看，我剛剛也是請你們先找資料裡寫了什麼。第一個是電影劇情大綱，第二個就是找出角色之間的關係，還有他會把相關的影片也介紹給你。還有沒有人想補充你還看到什麼？」

A10：「還有寫要探討的重點。」

曹：「要探討的重點，也就是一定要寫的討論題綱。那個題綱可以運用討論提問法來設計。」

A9：「是不是之後不管是要帶電影還是帶繪本，我們就要先看很多遍，再用你説的討論提問法寫題綱？」

曹：「來，我來和你們分享我自己準備讀書會的流程。即使我已經帶過很多讀書會了，我還是一定會事先寫讀書會的流程。」

（帶領者將手稿分給參與者看。）

A2：「這個流程應該也只是參考用的主軸，若現場有狀況，還是可以隨機應變的吧？」

曹：「對。但還是必須有個主軸，而且要寫下來。不然如果只憑印象，知道大概要做什麼，會很容易漏東漏西，這樣明白嗎？所以我每次帶讀書會，一定會規劃流程，這也代表我慎重的態度。例如說，假設我一開始暖身要放音樂，我就會寫清楚我要放哪一首歌。」

A5：「那你要如何去選擇音樂？」

A3：「應該都憑感覺選吧。」

曹：「要看你暖身的活動內容是什麼來決定啊。」

A1：「感覺你平時都蒐集很多音樂。」

曹：「對啊，我平常就會蒐集很多，就連繪本我也蒐集了一、兩百本，而且都是自己花錢買的。」

A8：「一、兩百本？嚇死人了！」

A6：「所以我感覺讀書會帶領者的書櫃都很多層。」

曹：「是。」

A7：「畢竟一本書的背後，還有很多本延伸閱讀啊！」

A4：「對啊，參與者讀不了這麼多本，反而是帶領者讀最多書。」

曹和全參：「哈哈哈，真的，說得好。」

A7：「別人為什麼要花錢找你帶領讀書會，也是因為你讀的多！」

A3：「對，哈哈哈。」

A4：「就有的人懶得讀啊，希望你讀完，再講給他們聽就好了。」

A10：「哈哈，這就是帶領者的價值。」

曹：「所以說啊，台上一分鐘，台下十年功。你們之前剛跟我學習如何帶領 OH 卡，如果想馬上變得和我一樣熟練，就要自己多下點功夫！」

A5：「所以我們要練功！」

曹：「畢竟我讀書會也帶了 40 幾年嘛。」

A9：「哇，那我們不就永遠不可能和你一樣厲害？」

A6：「不要暗示自己不可能。」

曹：「對，你們不要說自己不可能。我都把我所有的技巧、精華都傳授給你們了，你們就可以縮短摸索的時間。這樣了解嗎？」

全參：「了解！」

曹：「好，那我先做一個階段性的結論。首先我們帶電影讀書會就是現場讓參與者看，再接著討論電影。然後每次帶讀書會前一定要寫討論題綱，多運用討論提問法和你的主要概念來設計。」

（團體討論結束。）

COULMN ·002· 重點說明

範例三的對話內容是帶領者讓參與者現場閱讀洪品俐的《另一種傾聽：家庭教育電影欣賞討論手冊》的部分章節與帶領者自己的手稿，並針對「如何帶領電影讀書會」為主題，進行團體討論。

鼓勵參與者發言

團體討論是讀書會期望能發生觀點交流的環節，而要促使參與者互相對話的前提，就是要先設法讓參與者願意開口表達意見。因此在範例三剛開始的對話中，帶領者以最簡單的第一層次提問來鼓勵參與者說出自己所讀到的內容是什麼。

引導參與者自主學習和對話

讀書會的團體討論，有別於一般講者單方面授課，所以帶領者須使團體內的參與者，彼此自主互動、對話，以達到互相扶持、主動學習的目標。例如：在範例三後半部對話中，是由參與者自行討論「帶領者大量閱讀而產生價值」的話題；以及帶領者不斷以「還有呢？」的問句來引導參與者自行探索可能的答案。

❶ **運用第一層次提問的例句：**（關於討論提問法設計的詳細內容，請參考 P.104。）

「你們花時間讀一下手上的資料，這是關於帶領電影讀書會的一些資料。看完之後回答我，你們看到上面寫了什麼？」

重點提示 此例句的「你們看到上面寫了什麼？」就是運用討論提問法第一層次的提問，讓參與者只要讀過手邊資料就能開口回答，具有鼓勵發言的效果。

❷ **運用回應技巧的例句：**（關於回應技巧的詳細內容，請參考 P.111。）

A1：「有寫引言、大綱。」
曹：「是，有引言和大綱。」

重點提示 此例句的「是，有引言和大綱」就是帶領者運用回應技巧，附和 A1 的發言。

❸ **運用自我表露技巧的例句：**（關於自我表露的詳細內容，請參考 P.123。）

「來，我來和你們分享我自己準備讀書會的流程。即使我已經帶過很多讀書會了，我還是一定會事先寫讀書會的流程。」

重點提示 此例句的「即使我已經帶過很多讀書會了，我還是一定會事先寫讀書會的流程」就是運用自我表露技巧，向參與者分享自己的經驗。

❹ **運用總結技巧的例句：**（關於總結技巧的詳細內容，請參考 P.113。）

「好，那我先做一個階段性的結論。首先我們帶電影讀書會，就是現場讓參與者看，再接著討論電影。然後每次帶讀書會前，一定要寫討論題綱，多運用討論提問法和你的主要概念來設計。」

重點提示 此例句的「我先做一個階段性的結論」就代表帶領者要將討論收尾，並運用總結技巧。

SECTION 04 ／ 範例四：參與者反思回饋實錄

以下對話內容，為曹春燕老師（以下簡稱曹）帶領參與者回饋的過程實錄，其中參與者以 A1、A2、A3……等代號表示，並以「其他」代表在場其他的部分參與者。

COULMN · 001 · 對話內容

（參與者反思回饋開始。）

曹：「好，現在我們先 2 人一組，互相分享你今天在讀書會中的收穫，5 分鐘後，大家再重新圍坐成圓圈，分享給所有人。」

（5 分鐘後）

曹：「好，現在有人願意先分享的嗎？」

A1：「我特別有感觸的，是老師不斷強調的討論提問法、主要概念和延伸概念。」

曹：「對，那個很重要。」

A1：「因為我覺得這個從各方面的思路中，都可以有一個比較有條理性的東西去做整理，所以我對這個東西挺有感覺的。」

曹：「你以前沒有學過這些嗎？」

A1：「沒有，我都是學很多東西去自己整合，然後就拿來開始做，然後再回頭印證。比如說我今天來參加老師的讀書會，我再回頭印證，我發覺我之前有一些就是這樣，只是我不知道我正在學。」

曹：「嗯哼。」

（帶領者同時點頭，注視著 A1。）

A1：「那我不知道我正在學的時候，我都是直覺性的去做，那如果說現在有一個完整的架構，我以後就可以直接套用。以前我就是比較習慣性的說，我知道帶領讀書會要回到個案、要回到情緒感受的部分，然後再去連結現實、最後有什麼領悟，這些我都知道。像是我在玩牌卡，我都一定會做像是『欸，你看到了什麼？』、『你要不要描述你看到的畫面？』、『有什麼是你特別有印象、特別有感觸的？』，我都會這樣子去帶領，而這個架構讓我覺得，我更清楚知道我要先去抓住樹幹，再去抓樹枝，這樣會更快。」

曹：「嗯，沒錯。那麼有一個部分，我想再做最後一次的提醒，就是讀書會帶領者要知道，自己不能光是聽他人的經驗，而是要在他人過去的經驗中找到健康元素和繼續向前的資源，你的心中要有這個概念。」

A1：「那敘事治療呢？」

曹：「敘事治療是指，我看見這件事的發生對我而言是有意義的，對過去發生的事重新解讀、正向詮釋。不過帶領者要更聚焦在參與者本身，去思考過去發生的事讓你增加了什麼能力？又如何豐盈了你的生命？我會在對方敘述過往經驗的過程中，不斷強調這些因素，這會讓參與者處於一個比較積極的狀態。所以我會協助他聚焦，並找到真正想要的東西，比如我會一直問他，你想要的東西是什麼？你體驗到了什麼？你專注於什麼？當我的主要概念設定在這些想法上時，我就會在帶領讀書會時，不斷強調『你是創造者，你想要什麼？你怎麼想就怎麼體驗，你專注在哪，就會獲得怎樣的收穫。』好，我們換下一位心得分享。」

A2：「我覺得今天最大的收穫，就是老師剛剛提到的健康元素的部分，我希望我未來不管是帶領讀書會，還是和別人聊天、聽朋友訴苦時，都能善用健康元素的概念，讓陪伴他人的品質變得更好。」

曹：「是。」

A2：「然後我覺得，現在有些人會覺得讀書會一次帶一本書會很有壓力，那如果我可以像今天一樣，只帶領一篇短文，再結合健康元素的概念，就比較能被接受。或是改用繪本或電影也可以，像是我現在就很想嘗試帶領電影讀書會。」

A3：「從今天的讀書會中，我學到一個重點，就是不論是帶領繪本或電影，都要學著從負面中尋找正面的意義，就像老師說的那樣。不管討論過程中，參與者產生多少負面思想，都要永遠記得拉回來看自己，扣到正面的價值上。」

曹：「我覺得這就是身為帶領者的一個很核心的態度。不管話題怎樣轉呀轉，都要記得自己是創造者，是有力量及自由的，應該要保持快樂及正向態度，看自己及一切人事物。」

A3：「對，所以信念應該也是這樣轉變，這就是我所學習到的，謝謝。」

A4：「我過去有帶領過讀書會，但因為我沒有參加過老師的培訓讀書會，所以我就是土法煉鋼，學到什麼、想到什麼就說什麼，也因為自己原本的能力還不足，所以雖然隱約知道，要去顧及參與者的狀態，可是我的心力只能顧到我自己接下來要做什麼，沒有餘力去顧及整個團體。那在經過這次的讀書會帶領人一系列的培訓後，我認為我更有信心和底氣，更知道帶領讀書會，並不像自己想的那麼簡單，其中有很多訣竅。在明白並熟練掌握老師所說的讀書會帶領技巧之後，自己就擁有帶工作坊或成長團體的能力了。若照自己過往單純分享書的方法，看似方法容易，卻無法有更大的突破，和產生更大的能力。我很感謝自己完整參加讀書會帶領的培訓，這就是我今天的收穫。」

A5：「這樣學習下來後，我覺得我對讀書會的認識更深刻了，讓我了解到，其實讀書會本身的內涵是很豐富的，是真的可以透過一本書的重點來讓每個參與者發揮和彼此互動。對於我自己原本認知的讀書會概念增加了很多元素，包含老師講的帶領討論的技巧，我覺得這其實還可以應用到很多層面。我覺得我回去還要再複習，內容真的非常豐富，謝謝。」

A6：「我學到的就是帶領讀書會這門學問還蠻深的。我以前帶領讀書會都亂帶，結果沒想到老師事前都做很多功課，我以前真是太懶惰了，突然覺得壓力有點大。」

曹：「沒關係，不用擔心，至少你今天學到，我傳授給你們的經驗和技巧了。」

A6：「對，我覺得這些技巧還是要紮實的去做才行。還有老師，我要和你道歉一下，我其實剛剛讀書會到後面我有點分心，因為我心裡在想著要趕快去接送我的小孩。」

曹：「啊，那你可以先走，趕快去接小孩吧！」

A7：「等一下，不行，你要先聽完我的回饋再走。」

其他：「哈哈哈，你很壞欸，人家都那麼焦慮了。」

曹：「沒啦，可以提早走。你自己決定要不要先離開。」

A7：「我的心得是，我只對繪本有興趣，所以我想專注在學習帶領繪本和 OH 卡的部分。」

曹：「OK，沒問題。」

A7：「我對今天繪本結合舞蹈活動的部分也印象深刻，反正之後就是要練習帶領繪本讀書會。」

曹：「好，來，那麼我們今天讀書會回饋的部分就到這裡結束。趕時間的人就趕快走吧！再見！」

（參與者反思回饋結束。）

COULMN · 002 · 重點說明

範例四的對話內容是一場培訓讀書會帶領者的反思回饋記錄，參與者主要是分享自己從讀書會中學習到的心得收穫。

專心聆聽回饋

基本上在讀書會的反思回饋環節，帶領者就是請參與者一一分享，自己對於此次讀書會的心得和建議，並須在過程中認真聆聽參與者發言。

適時給予回應

若參與者在反思回饋時，表達自己學習到的新知，帶領者可給予正面的肯定；若參與者提問，帶領者也可抓住讀書會收尾的時間稍微提點、解惑。例如：範例四中，帶領者回答 A1 參與者，健康元素與敘事治療的差異為何。

但要帶領者要特別留意，在團體討論即將結束、參與者正在反思當日的學習內容時，不適合再另起話題討論。若參與者對一個尚未被討論的新話題很感興趣，則帶領者可徵求大家的同意，將新話題保留到下次聚會時再充分討論。

❶ **運用提問技巧的例句：**（關於提問技巧的詳細內容，請參考 P.110。）

曹：「好，現在有人願意先分享的嗎？」

重點提示 此例句的「現在有人願意先分享的嗎？」就運用提問技巧，以達到鼓勵參與者發言的效果。

❷ **運用回應技巧的例句：**（關於回應技巧的詳細內容，請參考 P.111。）

A1：「我特別有感觸的是，老師不斷強調的討論提問法、主要概念和延伸概念。」

曹：「對，那個很重要。」

重點提示 此例句的「對，那個很重要。」就是運用回應技巧，以達到肯定參與者的效果。

附錄

CHAPTER 7

ARTICLE 07 01 附錄一：常見討論問題

SECTION 01 ／ 繪本讀書會中常見的討論問題

1. 哪一個畫面、劇情或對話讓你印象深刻？
   1-1 你從那個畫面、劇情或對話裡看見了什麼？
   1-2 那個畫面、劇情或對話在你的生活經驗中曾出現過嗎？
   1-3 那個畫面、劇情或對話讓你聯想到什麼？
   1-4 那個畫面、劇情或對話和你的生活經驗有什麼關聯？
2. 繪本裡的每一個角色分別和現實生活中的哪些人最像？
3. 你想對繪本裡的哪個角色說話？原因是？
4. 你想為繪本裡的哪個角色做什麼事？
5. 這本繪本帶給你的感動是什麼？
6. 你從繪本中學到了什麼？
7. 回家之後，有哪些學習到的內容是可以馬上做的？
8. 你打算為自己擬定什麼樣的行動計畫？
9. 這本繪本帶給你的成長是什麼？

SECTION 02 ／ 電影讀書會中常見的討論問題

1. 電影名字和劇情內容有什麼關聯性？
2. 電影為什麼以這樣的鏡頭開場？
3. 劇本中設定的時間背景，和當時拍製時間有什麼關聯？
4. 電影為什麼以這樣的鏡頭結束？

5. 這部電影和你近來看過的電影，或其他較舊的電影有什麼相同，或相異之處？

6. 這部電影的哪三、四場戲最重要？

7. 電影中重複出現哪些場景？

8. 電影中哪些場景最令人感動？

9. 你從電影中學到了什麼？

10. 回家之後，有什麼學習到的內容是可以馬上做的？

11. 你打算為自己擬定什麼樣的行動計畫？

12. 這部電影帶給你的成長是什麼？

13. 哪一個畫面、劇情或對話讓你印象深刻？
    13-1 你從那個畫面、劇情或對話裡看見了什麼？
    13-2 那個畫面、劇情或對話在你的生活經驗中曾出現過嗎？
    13-3 那個畫面、劇情或對話讓你聯想到什麼？
    13-4 那個畫面、劇情或對話和你的生活經驗有什麼關聯？

14. 你想對電影中的哪個角色說話？原因是？

15. 如果你是導演，你會拍出相同的結局嗎？原因是？

16. 如果這部電影要拍續集，你想拍什麼樣的劇情？

ARTICLE 07 02 附錄二：簡介網路讀書會

現代社會的科技發展日益蓬勃，網際網路讓讀書會不再局限於實體的聚會。以下將簡介目前常見的網路讀書會形式、特性，以及聚會前的準備須知。

SECTION 01 ∕ 常見的網路讀書會形式

網路讀書會也被稱為線上讀書會，目前常見的類型有導讀預錄型讀書會及同步互動型讀書會。

COULMN 001 導讀預錄型讀書會

帶領者將書中的重點內容先錄製成影音檔案，再上傳至網路平台，供他人觀賞或收聽。

近幾年來，中國的導讀預錄型讀書會十分盛行，甚至已經發展出知識付費的成熟商業模式。目前較耳熟能詳的讀書會 app 有樊登讀書、得到、知乎、喜馬拉雅 FM 及新世相讀書會等，也有些試聽版的讀書會影片會被上傳在騰訊視頻或愛奇藝等影片平台上，供用戶試聽，再導到須付費的平台，使讀者更樂意花錢購買並收聽完整內容。

至於台灣和其他國際地區常見的導讀預錄型讀書會，則是以 Youtube 為主要的影片上傳平台。

COULMN 002 同步互動型讀書會

同步互動型讀書會可以細分成直播式讀書會和多人視訊式讀書會。

直播式讀書會

帶領者在網路直播中導讀書籍，且觀眾可以同步觀看內容，並以按讚、留言等方式與帶領者互動。在直播結束後，影片內容仍可保存在網路平台上供人觀賞或收聽。

因直播式讀書會的內容通常是以帶領者導讀書籍為主，所以大部份不會有參與人數的限制，且觀看者不一定需要事先閱讀過指定材料。

在中國，帶領者可以騰訊視頻、西瓜視頻或抖音等網路平台進行直播說書；至於台灣和其他國際地區，帶領者則較常使用 Youtube、Facebook 或 Instagram 作為直播說書的網路平台。

多人視訊式讀書會

帶領者和參與者在約定的時間同時上線，以多人視訊的方式進行導讀書籍和團體討論。

因多人視訊式讀書會的內容會以團體討論為主，為了讓每個參與者能充分表達感受和想法，所以一定會限制參與的總人數，且參與者須事先閱讀完指定材料。

在中國，帶領者可以 Skype 或 Zoom 進行直播說書；而在台灣和其他國際地區，帶領者除了可用 Skype 或 Zoom 等網路平台之外，Google Hangouts Meet 也是常用的選項之一。

網路讀書會簡介			
	導讀預錄型讀書會	同步互動型讀書會	
		直播式	多人視訊式
說明	將書中重點的內容先錄製成影音檔案，再上傳至網路平台，供他人觀賞或收聽。	在網路直播中導讀書籍，且觀眾可以同步觀看內容，並以按讚、留言等方式與帶領者互動。	帶領者和參與者在約定好的時間同時上線，以多人視訊的方式進行導讀書籍和團體討論。

<table>
<tr><th colspan="5">網路讀書會簡介</th></tr>
<tr><th colspan="2" rowspan="2"></th><th rowspan="2">導讀預錄型讀書會</th><th colspan="2">同步互動型讀書會</th></tr>
<tr><th>直播式</th><th>多人視訊式</th></tr>
<tr><td rowspan="2">常用APP或網路平台</td><td>中國</td><td>樊登讀書、得到、知乎、喜馬拉雅 FM 及新世相讀書會。</td><td>騰訊視頻、西瓜視頻或抖音等網路平台。</td><td>Skype 或 Zoom 等網路平台。</td></tr>
<tr><td>台灣及國際其他地區</td><td>Youtube。</td><td>Youtube、Facebook 或 Instagram 等網路平台。</td><td>Skype、Zoom 或 Google Hangouts Meet 等網路平台。</td></tr>
</table>

SECTION 02 ／ 網路讀書會的特性

網路讀書會和實體讀書會相比，具有以下的特性，以下分別說明。

COULMN 001 節省交通時間

雖然實體讀書會的聚會地點通常會設在交通便利的地方，但參與者仍需要時間往返。而網路讀書會只需要一連上網路就可以開始導讀及討論，不需要坐車，所以可以省下來回的交通時間。

COULMN 002 可反覆觀看讀書會內容

不論是導讀預錄的讀書會影片，還是將同步互動的讀書會過程以軟體錄影下來，都能方便參與者事後反覆觀看，甚至可暫停影片，以書寫學習筆記或自己參與讀書會的心得感受。

COULMN ·003· 可只觀看自己有興趣的內容

當讀書會內容能以錄影的方式放在網路平台上供人點閱，參與者就可以只選擇自己有興趣的主題或片段觀看，而且不一定要每次聚會都全程參與、互動，可視自己的時間調整及參加。

COULMN ·004· 人與人的互動方式更多元

實體讀書會是以人與人面對面、用口語及肢體動作表達即時的互動和討論；而多人視訊式讀書會也是以類似的方式彼此交流，只是運用了視訊科技取代實際面對面的方式運作，且增加了文字留言的表達方法。

至於直播式讀書會的運作，則是將參與者的表達方式改成以按讚或文字留言進行即時互動；而以導讀預錄型的讀書會來說，帶領者無法和觀看影片的人產生即時的互動，雙方只能在事後以文字留言的方式互相交流觀點。

SECTION 03 ／ 網路讀書會前的準備須知

帶領者在建立網路讀書會之前，必須知道在企劃、招生、流程設計及器材準備方面，都會和籌組實體讀書會有些許差異。

COULMN ·001· 決定網路讀書會的類型

在開始籌劃如何建立網路讀書會前，帶領者須先決定線上聚會的方式是要採用預錄導讀型、直播式或多人視訊式來進行讀書會。

帶領者可根據以下幾點考量因素來決定網路讀書會的運作方式。

讀書會的內容：導讀書籍為主 VS. 團體討論為主

將讀書會移至網路上舉辦時，因有人眼長時間盯螢幕容易疲勞的限制，所以通常聚會時間會比實體聚會還要短，時間長度通常控制在約 60 ～ 90 分鐘左右，甚至更短。因此網路讀書會的流程設計通常會聚焦在書籍導讀或團體討論上。

若帶領者想要建立以書籍導讀為主的網路讀書會，則較適合預錄導讀型或直播式讀書會；若是想要組成以團體討論為主的網路讀書會，則較適合多人視訊式的聚會方法。

和參與者互動的方式：可即時互動 VS. 不可即時互動

若帶領者偏好能在線上聚會的過程中，和參與者達到類似面對面即時互動的相處模式，則適合選擇多人視訊式讀書會；若帶領者沒有面對面的要求，但仍希望在讀書會過程中和參與者保持即時互動，則可選擇直播式讀書會；若帶領者不打算在導讀書籍的過程中和參與者有即時的互動，則可選擇導讀預錄型讀書會。

參與者的人數：不限 VS. 有限且人員固定

若帶領者期待自己組成的讀書會能有越多參與者加入越好，則可考慮導讀預錄型或直播式的讀書會；若帶領者希望讀書會的參與者要有人數限制且人員固定，則適合選擇多人視訊式讀書會。

	導讀預錄型讀書會	同步互動型讀書會	
		直播式	多人視訊式
讀書會的內容	導讀書籍為主。	導讀書籍為主。	團體討論為主。
和參與者互動的方式	不和參與者即時互動。	可和參與者即時互動。	可和參與者即時互動，且能透過畫面看見彼此。
參與者的人數	人數不限。	人數不限。	人數有限且人員固定。

COULMN 002 企劃讀書會細節

帶領者決定網路讀書會類型後，就可開始思考讀書會的組成目的、挑選閱讀的主題、決定閱讀的材料及規劃聚會的時間等事項。關於企劃階段的詳細說明，請參考 P.62。

和實體讀書會不同的是，帶領者無需尋找實體的聚會地點，只要依照網路讀書會的類型選擇適用的平台即可。關於網路讀書會常用平台的說明，請參考 P.202。

COULMN 003 招生及宣傳

因多人視訊式讀書會和實體讀書會一樣有名額限制，所以仍須保留招生報名的手續，關於招生階段的工作的詳細說明，請參考 P.71。

至於讀書會宣傳的部分，帶領者可運用網路作為主要的宣傳管道，關於網路宣傳的詳細說明，請參考 P.76。

COULMN 004 設計讀書會流程

網路讀書會的聚會流程和實體讀書會相比，流程必定較為簡略，因為線上聚會的時間變短，而且不一定能和參與者面對面互動，所以像是參與者簽到、暖身活動等項目通常就會省略，甚至可用聚會後填寫留言或網路表單的方式取代反思回饋時間。關於讀書會流程的詳細說明，請參考 P.78。

❶ 預錄導讀型讀書會流程參考：

布置拍攝場景 ➡ 架設錄影器材 ➡ 器材測試 ➡ 開始錄影或錄音 ➡ 自我介紹 ➡ 導讀書籍 ➡ 總結並拋給觀眾思考問題 ➡ 結束錄影或錄音 ➡ 後製影片或音檔 ➡ 將影音檔案上傳至網路平台，供人觀賞或收聽

❷ **直播式讀書會流程參考：**

布置拍攝場景➡架設錄影器材➡器材測試➡開始直播➡自我介紹➡導讀書籍➡向觀眾拋出思考問題➡根據觀眾的留言，即時給予回饋➡總結➡結束直播

❸ **多人視訊式讀書會流程參考：**

布置拍攝場景➡架設錄影器材➡器材測試➡開始視訊➡等待參與者全部上線➡確認所有參與者都已開啟視訊➡帶領者先簡介當次視訊會使用到的軟體功能➡所有人輪流自我介紹➡帶領者簡單導讀書籍➡開始團體討論，互相分享心得➡帶領者總結討論➡透過視訊畫面拍大合照➡結束視訊，並於事後請參與者填寫反思回饋的線上表單，或自我檢視表

COULMN 005 聚會前的準備事項及器材

帶領者在打開錄影器材、開始進行線上讀書會之前，和準備實體讀書會一樣，須先熟讀材料、挑選主要概念和設計討論提問。關於帶領討論前的準備的詳細說明，請參考 P.94。唯一不同的，是帶領網路讀書會的帶領者，必須要先準備及熟悉網路環境和相關器材，並須學習設備若有突發狀況的處理方法。

在器材準備的部分，帶領者須先準備錄影器材、麥克風、耳機及閱讀材料等，而多人視訊式讀書會的帶領者，還須另外製作參與者反思回饋的線上表單。

帶領者在聚會前，應先確認麥克風可正常收音、耳機可正常使用，及視訊鏡頭可正常錄影等。若是使用手機直播，則建議使用腳架固定手機，以免畫面持續晃動，造成觀看品質不佳。

另外，帶領者應選擇安靜、不易受外界干擾的環境下，進行直播或錄製說書的影音檔案，以確保影像畫面保持乾淨，不會發生其他人不慎入鏡的干擾，以及錄音時不會收到太多雜音。

最後，關於提醒參與者行前通知的部分，帶領者可利用 Email、通訊軟體、或以手機簡訊，發送多人視訊會議的連結及密碼，並以此作為有人無法順利登入線上會議室時的額外聯絡管道。若有參與者在視訊過程中意外中斷連線，帶領者也要協助他回到線上的聚會空間裡，並説明聚會進行到哪個環節，以協助參與者快速進入狀況。

COULMN 006 提醒參與者做好聚會前的準備

帶領者在開始進行網路讀書會前，須先提醒參與者設好時間，並做好器材的準備。

若是預錄導讀型讀書會，帶領者可在上傳最新一集的影片或音檔後，在個人網路平台上向參與者宣傳有最新集數上架，以吸引參與者觀看或收聽説書內容。

若是直播式讀書會，帶領者可在直播前，先在個人網路平台上宣傳即將開始直播的預告訊息，以提醒參與者挪出時間觀看讀書會直播。

若是多人視訊式讀書會，帶領者須提醒參與者以下幾點：

❶ 提早登入視訊平台，以測試設備中的視訊和音訊功能是否可正常運作。

❷ 選擇安靜的環境進行視訊，並避免畫面背景過於雜亂。

❸ 將麥克風預設為關閉，只在需要發言時開啟，以避免在聚會過程中被雜音干擾。

❹ 請參與者提醒身邊的家人或朋友不要在視訊期間出聲干擾，或在畫面後方走動。

❺ 若是在家中進行視訊，請參與者穿著得體，避免在鏡頭前只穿背心內衣或睡衣等服裝，以表示對讀書會的尊重。

❻ 若想要留下聚會過程的影像記錄，可以請參與者互相幫忙螢幕截圖，以保存每位夥伴認真發言參與的模樣。

COULMN 007 其他注意須知

若帶領者要舉辦網路讀書會，須注意網路平台的選擇及讀書會的時間限制等事項。

選擇方便操作的視訊平台

帶領者和參與者若想嘗試運作多人視訊式讀書會，第一步就是要選擇容易操作的網路平台。例如：優先選擇團體內大多數人知道如何操作的網路平台。

選擇目標觀眾較多的直播平台

若帶領者想要進行導讀預錄型讀書會或直播互動式讀書會，則須挑選較多使用用戶的網路平台來進行網路讀書會，使自己錄製的內容盡可能的被更多參與者看見或聽見。

注意每次網路讀書會的時長不可太久

建議單次網路讀書會的聚會時長以不超過 90 分鐘為原則。因為人們透過電腦等視訊器材來進行遠距讀書會的過程會很疲累，所以帶領者須注意參與者在聚會過程中的反應，並及時調整讀書會的時長及活動節奏。

注意參與跨國視訊者的時差問題

當帶領者所帶領的多人視訊式讀書會中有跨國的參與者時，帶領者須留意團體線上聚會的時間，對各地不同時區的參與者是否足夠友善、是否方便跨國參與者進行視訊討論。

可透過不定時舉辦線下聚會，更凝聚團體共同感

若網路讀書會的帶領者想要營造更緊密的團體氛圍，則可和參與者討論或投票出共同方便的時間和地點進行實體的聚會，以增進彼此的連繫和情感。

SECTION 04 ／ 實體讀書會和網路讀書會的比較

	實體讀書會	網路讀書會		
		導讀預錄型讀書會	同步互動型讀書會	
			直播式	多人視訊式
讀書會的內容	團體討論為主，有較完整的聚會流程。	導讀書籍為主。	導讀書籍為主。	團體討論為主。
是否能面對面互動	是，直接實際面對面。	否，只能參與者單方面看見帶領者。	否，只能參與者單方面看見帶領者。	是，透過視訊鏡頭面對面。
是否能即時互動	是。	否。	是。	是。
和參與者互動的方式	口語及肢體動作。	文字留言。	文字留言、按讚。	口語及肢體動作、文字留言。
參與者的人數	人數有限且人員固定。	人數不限。	人數不限。	人數有限且人員固定。
適合的閱讀材料	文字類、圖像類、影像類、牌卡類、其他類。	文字類、圖像類（以書籍為主）。	文字類、圖像類（以書籍為主）。	文字類、圖像類、影像類。
參與者是否須事先閱讀	文字類是，其餘則否。	否。	否。	是。

07 03 附錄三：各式範例表格參考

SECTION 01 ／ 空白企劃書範例

（請寫出你的企劃書，詳細說明請參考 P.70。）

<table>
<tr><th colspan="3">______讀書會 籌組企劃書</th></tr>
<tr><th></th><th>基本項目</th><th>參考答案</th></tr>
<tr><td rowspan="3">名稱及目的</td><td>讀書會名稱</td><td></td></tr>
<tr><td>成立目的</td><td></td></tr>
<tr><td>目的說明</td><td></td></tr>
<tr><td rowspan="2">對象</td><td>招生對象</td><td></td></tr>
<tr><td>招生對象的需求或特色</td><td></td></tr>
<tr><td rowspan="4">主題及材料</td><td>讀書會主題</td><td></td></tr>
<tr><td>各次聚會的小主題</td><td></td></tr>
<tr><td>閱讀材料</td><td></td></tr>
<tr><td>閱讀材料的選擇考量</td><td></td></tr>
<tr><td rowspan="4">其他</td><td>聚會地點</td><td></td></tr>
<tr><td>聚會時間</td><td></td></tr>
<tr><td>帶領者姓名</td><td></td></tr>
<tr><td>帶領者聯絡方式</td><td></td></tr>
</table>

SECTION 02 ∕ 空白招生海報資訊範例

（請填入你的招生資訊，詳細說明請參考 P.72。）

讀書會招生海報		
招生海報基本資訊		招生資訊
一	讀書會名稱	
二	閱讀主題	
三	帶領者姓名	
四	適合對象	
五	聚會地點	
六	聚會時間	
七	報名方式	
八	參加費用	

SECTION 03 ／ 空白團體規範表格範例

（請填入你的讀書會團體規範，詳細說明請參考 P.82。）

讀書會團體規範
______ 讀書會公約
1.
2.
3.
4.
5.
6.
7.
8.
9.
10.

SECTION 04 ∕ 空白讀書會活動流程設計表範例

（請填入你的活動流程安排，詳細說明請參考 P.92。）

讀書會活動流程設計表，第____次聚會，流程設計者：____				
流程項目	活動內容	活動時長	使用教材 / 設備	備註

空白討論題綱表格範例

（請填入你的討論題綱內容，詳細說明請參考 P.109。）

材料名稱：	
主要概念	延伸概念
內容大意提問	
個人觀點提問	
生命經驗提問	
價值觀提問	
預計安排的 回家作業	

SECTION 06 ／ 空白帶領者自我檢視表範例

（請填入你的答案，詳細說明請參考 P.144。）

帶領者自我檢視表
❖ 我是否對主要概念掌握得宜？ □是 □否 原因
❖ 我的提問是否引發參與者興趣的討論？ □是 □否 原因
❖ 我是否能帶給團體開心與快樂的氛圍？ □是 □否 原因
❖ 是否有意外狀況發生？發生時我是否處理得當？ □是 □否 原因 ❖ 我當下的處置是： ❖ 我是否滿意這樣的處置： ❖ 是否有其他或更好的處理方式：

帶領者自我檢視表
❖ 我是否能帶動大家回到自己身上覺察？ □是 □否 原因
❖ 有任何其他需要檢討改進之處？如何改進？
❖ 我本次的帶領優點是：
❖ 參與者給我的回饋是：
❖ 需要自我精進的能力是：
❖ 我的自我帶領評鑑滿意度（1~5 顆星，請勾選）： □★ □★★ □★★★ □★★★★ □★★★★★

SECTION 07 ∕ 空白參與者自我檢視表範例

（請填入你的答案，詳細說明請參考 P.146。）

參與者自我檢視表	
參與者：	參與日期：
閱讀材料：	
帶領者：	
❖ 今天我對自己滿意的程度 0 至 10 給幾分？為什麼？ 我的回答	
❖ 我今天參與的程度 0 至 10 給幾分？為什麼？ 我的回答	
❖ 我覺得今天團體討論開放的氣氛 0 至 10 給幾分？為什麼？ 我的回答	
❖ 我覺得帶領者的帶領技巧 0 至 10 給幾分？為什麼？ 我的回答	
❖ 我覺得自己對主題的討論深度 0 至 10 給幾分？為什麼？ 我的回答	

參與者自我檢視表

❖ 我對自己快樂正向表現 0 至 10 給幾分？為什麼？

我的回答

❖ 今天我的收穫 0 至 10 給幾分？為什麼？

我的回答

❖ 我覺得需要自我精進的能力是？

我的回答

❖ 你認為參加這個讀書會對你哪方面的收穫最大（請勾選）？為什麼？

□ 選擇書籍能力	□ 閱讀方法及能力	□ 解讀閱讀材料能力
□ 參與討論能力	□ 邏輯思考能力	□ 分析歸納能力
□ 表達能力	□ 聆聽能力	□ 溝通能力
□ 人際處理能力	□ 快樂正向思考能力	□ 其他能力：＿＿＿＿＿

補充原因

SECTION 08 ／ 空白讀書會記錄表範例

（請填入你的讀書會記錄內容，詳細說明請參考 P.148。）

讀書會記錄表 團體第__次記錄		
一	時間	年　　月　　日　　時　分～　時　分
二	地點	
三	參與者	
四	帶領者	
	導讀者	
	記錄者	
五	主要概念	
六	延伸活動	
七	團體流程	
八	正能量語句	
九	突發情況及處理	
十	參與者收穫	

讀書帶領有新招

用繪本、書籍、影像打造美好共讀習慣

初版 2020年7月

定價 新臺幣380元

ISBN 978-986-5510-20-6（平裝）

國家圖書館出版品預行編目（CIP）資料

讀書帶領有新招：用繪本、書籍、影像打造美好共讀習慣 / 曹春燕作. -- 初版. -- 臺北市：四塊玉文創, 2020.07

面； 公分

ISBN 978-986-5510-20-6(平裝)

1.讀書會

528.18　　109005837

書名　讀書帶領有新招：用繪本、書籍、影像打造美好共讀習慣

作者　曹春燕

發行人　程顯灝

總企劃　盧美娜

主編　譽緻國際美學企業社·莊旻嬑

助理編輯　譽緻國際美學企業社·許雅容

美編　譽緻國際美學企業社·羅光宇

藝文空間　三友藝文複合空間

地址　106台北市安和路2段213號9樓

電話　（02）2377-1163

發行部　侯莉莉

出版者　四塊玉文創有限公司

總代理　三友圖書有限公司

地址　106台北市安和路2段213號4樓

電話　（02）2377-4155

傳真　（02）2377-4355

E-mail　service @sanyau.com.tw

郵政劃撥　05844889 三友圖書有限公司

總經銷　大和書報圖書股份有限公司

地址　新北市新莊區五工五路2號

電話　（02）8990-2588

傳真　（02）2299-7900

三友官網

三友 Line@